全著作

森繁久彌コレクション 4

人生訓

解説 佐々木愛

愛

藤原書店

自宅の書庫にて

20歳過ぎ頃、早稲田大学在学中。左が著者。父の財産分けで大金を手にした頃

北海道羅臼町で網起こしを手伝う。中央が著者。映画「地の涯に生きるもの」以来、知床には度々通った

枚方の生家の門前で。この家の塀は100m 程度あった

全著作〈森繁久彌コレクション〉4　愛——人生訓　目次

第一章　ブックサ談義

第二章　わたしの自由席

一

二

三

四

第三章　道

カバー画　山藤章二
装　丁　作間順子

全著作〈森繁久彌コレクション〉4

愛

人生訓

『全著作〈森繁久彌コレクション〉』発刊にあたって

森繁久彌は俳優としてすばらしい業績を残したばかりでなく、自ら筆をとって多くの文章を残し、二十三冊もの著作をあらわした。名文であり、ユーモア、ウィットにあふれ、奥深い。しかし、著書の多くは今は品切れになっている。このままでは、〝文人・森繁久彌〟は埋もれてしまうと危機感を抱き、ぜひ残しておかなければ、との思いから、三年ほどかかってしまったが、ようやく発刊にこぎつけることができた。

本コレクションは、著者のこれまでの単行本から、あらためてテーマ別に構成し直し、著者の執筆活動の全体像とその展開を示すものである。

「全著作」と銘打ったが、厳密な意味で全作品を集めたというわけではないけれども、森繁さんの全体像が見渡せるようにと配慮した。

また、著者は故人であり、特に『自伝』の巻は、その全生涯を網羅的に出すことには至っていない。作品と作品の間に記述の空白がある部分もある。読者のご寛恕をいただければ幸いである。

『全著作〈森繁久彌コレクション〉』編集委員会

凡例

一、原則として、最新版の単行本を底本とする。単行本に未収録の作品については、それぞれ初出紙誌を底本とする。
一、原則として用字の統一は行わず、底本を尊重する。
一、ただし、明らかな誤植は訂正する。また明らかに不自然な表記は訂正する。
一、原則として、現代かなづかい、新漢字に統一する。（ただし、旧かなづかいの引用文等を除く）
一、現代では差別的とされる表現があるが、著者が故人であり、また差別の意図はないことから、そのまま残した。

第一章　ブックサ談義

一

哀しき出世

「俳優トハ　顔ニ本人ノ名ヲ入墨（いれずみ）スルモノデアル」

売り出し始めた頃は、額（ひたい）のあたりに「モ」ぐらいしか彫り物していないので、さほど人には気づかれなかったが、やがてそれが「モリシ」ぐらいになり、賞などもらい、映画が当り、新聞のラジオ欄や、映画欄や、三面記事下方の見苦しき映画広告に、大きくぶざまな面をさらすようになると、もはや顔全面にわたって「モリシゲヒサヤ」の入墨は完了したと見ていいだろう。そうなると彼は、最も楽しい人生の秘密も、いやそんなものどころではない、一番大切にしていた「自分」ともさようならをしなければならない時が来たのである。何をこのんで、おろかにも赤の他人たちに顔などを覚えてもらおうと志したか。いやその頃はそれでもよかった。誇りがましく、うれしくもあるのだから——。そして或いは今日もこれでいいかも知れぬ。が何時の日か尾羽打枯らす時が来ぬともかぎらぬ、その時にも私の顔には永久に取れない青い入墨が「モリシゲヒサヤ」と人目にさらされているのである。

「ねえ、ちょっと！　今すれちがったヨレヨレの男、誰か知ってる？　あれネ、一昔前に売り出してたモリシゲよ」

「へえ、あれが……、哀れなもんネ」

と、ささやき合う声が、木枯しの荒ぶ数寄屋橋のすれ違いに私の耳に入ってくるのも――この顔が売れ、人の目の底にひっこく記憶されているからである。

他の芸術家にとっては、文士にせよ画家にせよこれほどのことはない。自分の顔を売りものにするわけじゃないから――。しいて他にこのおろか者を見つけるなら総理大臣くらいだろう。これが他の並び大臣になると、そんな顔など、現役ですら銀座のバーや料亭の便所で隣り合わせても、その道の人以外にはほとんどわからないと言っていい。そのいい証拠が、成り上り大臣などになると、やたらと側近に「大臣大臣」と呼ばせ、何とかして「オレは大臣なり」と知らしめんがために噴飯に近い努力をしているのを見てもわかるだろう。

さて、そんなことはともかく、過日一冊の本が、書簡とともに私に恵送されてきた。ところが何時もはせっかくのご恵贈にもかかわらず、多忙にうち暮れ、不本意ながらツンドクが多いのであるが、ある夜の食事時、あわただしいメシを食っている私の前で、ハシを片手に悠々と本を読みながら――しかも時々ウス笑いまでもらしている次男坊主に、
父「おい、行儀の悪いことをするな――」

と一カツしたら、
次「パパ、読んだ？　この本――」

父「うむ？」
次「こんなケッサクな本はないな、アッパさん遠く及ばずだよ」
父「ホウ――」
次「パパの今後の人生のために是非一読をすすめるよ、僕もこの主義でこれから行くから」
と言う。

息子にすすめられて親父はしぶしぶ本をとりあげ、はさんであった書簡の封を切った。その本の出版屋さんからである。実におもしろい本だからぜひ一読を乞う。貴下が映画化するにはもってこいだと思う。それについては私も力をかそうというようなことがあらまし書かれてあった。

さて私も、その本を読んだのであるが、あえてここに宣伝をかねて一人でも多くの若者たちにこれが読まれんことを望んで、一筆したい欲望にかられた次第である。つまりそれほど、私にもおもしろかったのである。

『出世をしない秘訣』という、ジャン・ポール・ラクロワというフランスの作家のもの。なんというイキな奴だろう！　このラクロワという旦那は――。

訳者、椎名其二氏がすばらしきエゴイズムと傍題に書かれているごとく、私はこの香り高いフランス人のエスプリに舌をまき、平伏した。

今までちょっと気に入らぬところもあったフランス国とフランス人であったが、この御仁がいることによってフランスが近くなった様な気がした。

まず、本の宣伝はこのくらいにして、なぜこれがおもしろいかを少しお話しなければ勝手に笑っていてもはじまらんのである。そのためには無断で、この本の冒頭を引用させていただかねばならない。まあ、宣伝にもなることだから、出版屋さんはおこることはあるまいし、椎名さんは、こんな本を訳すほどの粋人だし、老大家でもあるから、乞う！　御寛容をたまわりたいのである。

　本書は、出世が待ちかまえている人びと——すなわち、うっかりすると明日にも有名になって、黄金とやらにおしつぶされ、巨大な企業の重荷の下にまいってしまうやもしれぬ人びとのすべてに捧げられる。

　いったんそうなってからは、金はなくとも閑と友情にめぐまれつつ、幸福を小川の鮒（ふな）のように、釣り上げていた楽しかりし日をしのんでも、もはや追っつかない。こうした御仁は、金を儲けたり命令を発したりする機械になりはて、ハートのところには小切手帳を持ち、うちつづく社用パーティーで肝臓はふくれあがり、受話器のために耳は変形し、夜もおちおち眠れぬみじめなロボットとなってしまうのだ。（中略）

　彼らは、流れる雲、街を行くとりどりのスカート、幼い日の思い出などに気をとられたりする自由人の漫歩気分や、放心にも似た単純な魂の、あのなごやかさを失っている。ひとくちでいえば、生きることを忘れてしまったのだ。

と、書き出しに始まり、成功しないためにはどうしたらいいか——が、こと細かに書かれているのである。事業家になりそうになってきた時にそれから逃れる方法、いつまでも二等兵でいる方法、流行作家、政治屋、社会の寵児（ちょうじ）にならぬ方法、etc……。

そして著者は最後に「自分に成功すべし」と結んでいる。

私はこのいましめに心から賛同し、大ゲサにいえば涙を流したのである。

ラクロワ様

貴著拝読致しました。私は貴方のいわれる——日夜おのれを失って死ぬほどの目にあっている哀しき出世者でございます。先日、私は世界一、人口稠密の大東京に属していながら、ここはまたのどかな一孤島、大島という所に参りました。人柄のたいへんいい所で、東京女を鬼ババとするなら鄙（ひな）の仙女とも呼びたいほど親切者ばかりなのに驚いたのですが、ふと思いついたのが女中不足でなやんでいる我が家のこと。そうだ、この島の人こそ女中さんにほしいと、一人世話してもらえぬかとたのみましたところ、「江戸へ行くと出世しても、人が悪くなるから」といって、この島の者は行きたがりません。風が吹こうが嵐になろうが、島に育ち、島に死ぬのが一番幸せと思いこんでいるのです。

私はこの人たちをどんなにかうらやましく思ったことでしょう。その折しも貴著を拝読し、いよいよ私も島を一つ求める決心をかためました。どうぞ、もし日本を訪ねられることがあったら、きっと貴方に喜ばれる小さな私の日本島にもお立寄り下さい。

草々頓首

撮影所の大道具の陰で

森繁久彌

ある日の田舎のロケーションで……

子「おっさん、サインしてけれや」

私「よしよし、きたない紙だな」

子「ええがの、ありがと。――のう、おっさんよ！」

私「うむ、なんだ」

子「これ、何と書いてあるんけ？」

私「クソ?!　オレを知らずにサインさせたのか」

このクサッた気持を今も忘れていないが、考えてみれば、あの頃に気がついて役者をやめて置けば良かったのかもしれぬ……。

ホテルとやどや

私はホテルがきらい

家内はやどやがきらい

人を泊めるところでは、日本の宿屋ほど親切な所は世界にも稀だろうと最近、思い始めたのである。で、今回はその話を書いてみたいと思うのだが——これはどっちにせよ多少は宿屋のチョウチンモチになるので、全国各地の旅館は家内には今まで通りで結構だが今後私の宿泊に関しては、層一層のサービスをして貰わねばならんことになるが、旅館新聞、雑誌には特に転載を許可するところ。

去る日、きらいな大ホテルにやむを得ず泊らねばならなくなって車を駆った。

まず到着と同時に、このもっともらしい大玄関につっ立っていた白服青年（ドアボーイ）が、まるでてめえも一流の様な顔をしてひどく無愛想にドアを開けた。

旅館の善し悪しは、この玄関の印象で決る。そして不思議やホテルと名のつく所は一流程、愛想の悪いのは何としたことだろう。

「ねえ君、僕がくることを電話して置いたんだけど——」

「そうですか。フロントでお聞き下さい」

「フーン」

くそ生意気な奴だと思いながら氏は玄関を入りかけると、

「お荷物はこれだけですか？」

「運転手が降した荷物は皆俺の荷物だ」

「——！」

「君は僕が泊りに来たのが何か気に入らんのかね」

「いえ、そんなことはございません。——運転手が自動車賃をいただきたいと言っておりますが」

「あーあ、面倒くさいナ、君のホテルのティケットをきっといてくれ」

「この××タクシーは私の方と契約がありませんから——」

氏は聊か怒りを増した模様で、ポケットからバラ銭をわしづかみにして「テキトウに払って置け！」と捨白を残してやっと廻転ドアに入った。ところが少々興奮していた故か、タイミングを誤ってドアに後から叩かれ、転びそうになりながらあの三角の狭いスペースの中で小走りに足を動かし、鞄がつれ僅か何秒かだが、にがにがしい思いをしてホテルの内部に入った。何がくだらないって、この廻転ドアほど人を馬鹿にしたものはないナと独白しながら、そこに立っている黒服の男に、

「フロントは何処だい！」

と声をかけたが、氏より一足先に着いた外人にいやにペコペコ親切にしていて、イッカナこっちにかまう気配もない。癪に障ったから中学英語で、

「ウェア　イズ　フロント？」

とどなったら、あわててこっちを向いて、

「インフォーメイション？」

ときやがった。

これぞ、あのデパートの食堂で、

「どちらになさいます？」

「僕は御飯だ」

と言うと、

「ライスでございますね」

と言う――あのオタンチン野郎と同じだ。

「水を一杯くれないか」

と言えば、

「ワンウォーター」

と言う、お前も俺も日本人じゃないかと、どなりかえしてやりたい不愉快さだ。

「僕の部屋を――」

「どちらさまで?」

「モリシゲです(ホテルの帳場やってて知らんのか――この顔を)」

「ああモリシゲさまでございますか、少々お待ち下さい――あの実は急なお電話でしたので、高いお部屋しかございませんがよろしゅうございましょうか?」

「僕の顔は何時も安い部屋に泊りつけてる顔に見えるかい!」

「失礼いたしました。そういうつもりで申し上げたのではございません。では御案内いたします」

……ますます面白くない顔をして氏は階段をのぼろうとすると、

「エレベーターがございます」

「へえ、へえ、さようでございますか――何階だ?」

「二階でございます」

「……？」

長い病院みたいな廊下をいく度か廻らされて、やがてワックスと湿った絨毯の入りまじった匂いのする部屋に入れられた。そしてひとりで上衣をとり、ひとりでズボンをとり、浴衣に着がえ、脱いだシャツやズボンを洋服ダンスにひとりでしまい、何が何処に入っているのかよく知らないスーツケースやバッグをあけ、ひっかき廻して下着をさがしていると、入れ変ってまたもニキビだらけのボーイが、

「バスにお入りになりますか——」

「バスはきらいだ、ハイヤー頼む」

「いえ、お風呂でございます」

「うむ、風呂を知ってるなら風呂と始めから言え！」

——ボーイは去って、ガールと変った。

「晩めしを食いたいんだが」

「ディナーでございますか」

「洋食だ！」

「ディナールームは一階になっておりますが」

「洋服を着て行くのかい？」

「ハイ規則で……」

「じゃ部屋でたべる、クソ！」

氏はそれからしばらくして、サイドテーブルの上に並んだ――、それほどうまくもない冷めたビフテキを口に入れながら、水割りを飲み、なくなると電話して、もう一杯もって来させ、しまいには、あほらしくなって酒をやめ、皿もりのめしをフォークでたべながら、ああ、ここはどーこのお国かやとひとりごとをいって我が家のお茶漬の味を思い泛べていた。

さて以上の場合が日本の宿屋であったとしたらどうだろう。まず、玄関では――、

「へえ、おいでやす、お待ちしてました。あ、お車はうちで払っておきます、さあさ、どうぞ――おつかれでしたやろ」

(何がおつかれなのかこれも少々行き過ぎだが)ドアにはさまれる心配もなく、老若とりまぜながらも美人とまごうお女中衆に出迎えられて、その玄関はまことに好印象の入来歓迎ぶりである。あとでちっとは上廻ってとられても、この方がどんなにか旅の者に小気味がいい。

「おい！　風呂だ！」

「へいへい、さあさあ先生のお風呂でっせ！」

と女将のかけ声一番、脱いだものは片附けてくれ、洗うものは勝手に洗ってくれ、風呂場に行けば、カミソリから化粧品までととのっていて、たといむくつけきオッサンでも背中まで流してくれる。しかも風呂は檜の香りもゆかしい湯ざわりだ。便器か洗面器の大型みたいなバスとは雲泥の差である。それよりも何が一番かと言えば、浴衣がけでもドテラでコタツでも――好きな恰好で好きな物が食べられることである。深夜に空腹を訴える時、急に寝酒を一杯やりたくなった時、支那ソバやアツ燗が

ホテルでやれたためしがあるのかい。

こんなことを書いていたら、女房殿が突然口をはさんだ。

「ほんとうにパパっていう人は事大主義ね。そういう人には宿屋の方がオイ、オイって威張ってられるし、甘えられるし無理が言えていいんでしょうね。つまりアッパさん向きなのね、いや『オイ』って言えば『パッ』とやってくれるからオッパさん向きかしら——。あたしなんか、さあ、ごはんを、さあ、お風呂をと女中さんに演出されるのが一番有難迷惑できらいだわ。必要以上に人の生活をジロジロ見ている女たちの目、部屋で裸になりたいと思ってもそうはいかないし、ホテルだったら何時に帰ろうとカギ一つだし、電話の取次ぎだって、ホテルの方が中間に他人の感情や干渉が入ってないだけでも清々しているワ、もっと言わして頂くなら誰が入ったかわからない様なお風呂によく入れるワネ、誰にも煩わされず、生活をみだされないというだけでもホテルの方が近代的じゃない？」

ハハーン近代的！　なるほど、それでホテルはコンクリート造りで宿屋は木造が多いんだナ——とうなずけた。そしてついでにもうひとつうなずけたことは、我が家にもセメントの洋風部分が増えたと同時に、かつての宿屋風からホテル的に待遇その他が変貌して来たことである。

アッパは怒る

太人(タイジン)　多忙デ　不善ヲナス　（太人はふとっちょの意、大人の意ならず）

今年もいよいよ暮れて行く。

私も私なりに反省することが、たくさんあるが、これは役者の反省で、皆様に公表してさほど共感を呼ぶ気づかいもなさそうなので、これは己れ一人で考えの中に納めるとして——。

さて、世事にうとい私ですら今年起った大きな出来ごとは、右から左へ素通りしているわけではない。ただ専門家でないから内部を詳細に知る由もないが、横丁のオッサンぐらいに腹も立て泣きもし歯ぎしりもしているのである。

さてその第一は——。

ベトナムの賠償から思いを馳せたことであるが——新中国の視察に大勢が、もっともらしい顔をして出かけて帰って来たが、一体何をし、何を残し、何をもって帰って来たのか、これも血税をむさぼり食う大名旅行であるとすれば許し難いことだ。

中共政権がどうだろうが、台湾政権がどうだろうが、そんなことは二の次だ。未だ私達の皮膚に生々しい傷を残しているこの三十年来の日華の事変を、もう一度想起して貰いたい。この戦争が、どれほど「中国」という古い朋友の国土を、老若男女を、身の毛もよだつような無惨な目にあわせたか、よもやお忘れではあるまい。あなた方は中国に何の怨みがあって……と開きなおられたら——何と答えられるだろう。一言の言いわけも出来まい。大砲を打ち、爆弾を落し、焼き払い、ぶちこわし、殺戮のあらん限りを、敢えてせねばならんような仕打を、その昔に中国から受けたことがあると言うのか。文化の恩恵をこそ十分に貰い、経済だって中国によって支えられ築かれもして来ただいじな顧客だろう。何を発狂してか、この無頼の仕打ちは——神も仏も許せぬ程のものである。にもかかわらず私たちが中国で終戦を迎えた時、肝に銘じて忘れられぬことがある筈だ。敗戦と同時に私たちは、中国人のどんな残虐な揺り返しがあっても目をつぶらねばならぬと覚悟した——その時に何を私たちは聞いたろう。忘れもせぬ……蔣介石命令で「日本人は絶対に保護せよ」の一言である。この神の如き慈父の如き、敵将の言葉に誰か一人感泣しなかったものがあったろうか。これを忘れたとは蔣介石は勿論、私も言わさんのである。さあそこでだ。私が今、こう興奮して何を言いたいかを言わねばならない。

視察とやらも、見学とやらも、タワリシチと狎れ狎れしく呼びかけて手ぶらで訪問し、帰りの船賃まで貰って来るのも勝手だが、好好と笑顔で迎えてくれているのに大歓迎だったよと、気を良くしては大間違いだ。余程向うが大国で大物でなければ、こんな毒にも薬にもならん者の訪問にああも鄭重なもてなしはないのである。新しい外交、新しい貿易、掛け声は結構だが、それにも増して大事なことは何だろう、まず私たちは不明の日本人の手に依って招来したアジアの不幸とも言うべき今事変の結末を、この寛大な中国人たちに心から詫びることではないだろうか、誰か使節がたって一度でも謝りに行ったことがあるのか——ということである。深く頭をたれて陳謝して後に友好を求むるべきではないだろうか。ベトナムの賠償も無論大事なことだが、それればかりに夢中になって高いの安いのと口角泡を飛ばす御両党のどちらの太人からも、中国への物心両面の賠償はおくびにも出ぬのは何としたことだろう。

毛さんが新しい政権を樹てたから古い中国はどこかへ行ったのだとほおかむりをするのか――或いは、勝手に他国に作った建物やその他の権益を放棄したから、それで良しとせよと言うつもりか――。私は、ちゃんと謝って貰わねば、あの親しかった大勢のあちらの友達に顔向けもならない。

今からでも遅くない。私たちの心からのお詫びを中国の人たちにしようじゃないかと叫びたいのである。

さて次は――、伊勢湾の惨事だ。厳冬に今日も放置されている現状を知っているのか、太人たちは。プールの水をオモチャのポンプで汲み出している様なことが救済なら、知事も大臣も代議士も皆恥を知ってやめてしまえ。何がロッキードだ、F104のAだかCだか――、誰をうつためにその尨大な金をドブへ捨てるのか！　私たちがそんなもののために、この多額の税金を平気で払っていると思ったら大間違いだ。「税金は災害地へ直送せよ」というスローガンでもたてて一大運動でも展開したい様な気持だ。私がその旗をたてて国会にデモをするといったら、はたして全学連や、この間のあの連中たちは門をこわす程に応援してくれるだろうか――。

天災に泣く同胞を見捨てて置く様な政治家が国会でイモみたいにもみ合っているのだから、アジア全土の戦争犠牲に泣く無辜（むこ）の人たちに詫びもせずいけ図々しい訪問もするのだろう。ああ憎むべし。あまりに為政者どもが国内を安らかに保てぬので、国民こぞって改定する必要を感じているのが安保改定だと言うシャレなら、私も耳を藉そう。
戦雲アジアを捲いて来る。武器をとれ！　は、もうごめんだ。
颱風海を越えて来たる、国民ひとしくシャベルをとれ！　これが先決問題だ。

フルシチョフのアメリカ旅行。つづいてアイクの欧亜行、老人たちが最後に残しておいてくれることが、「これからはお互い人間同士、みじめな殺し合いをして、いやがる者までそのとばっちりの淵に陥れない様にしよう」という老いの善根からの歴訪であったら、どんなにか人類史上を飾る美談となろう。慾にからんだ老人たちの掠奪の下見だとすれば、外面如菩薩(ぼさつ)内面如夜叉(やしゃ)にそう毛(け)立つばかりだ。

まだこれ以上に何かを欲しいと言うのなら星でも取れ！　ロケットは月を廻った。やがて地球の彼方に尨大な植民星も生まれるだろう。血を見ねばおさまらぬ軍人とか、グレン隊とかデモ屋とか、殺人の道具を日昼公然と身に帯びている暴虐の輩(やから)たちは全部地球の外へ行け。水素爆弾でも何でも、星が割れる程心ゆくばかり実験したらいいだろう。おれたちは地球から高見の見物をしてやる。

その他に勤評がある。この是非を云々するには、もう少し現教育事情の実際を知らねば口には出来ないが、私の印象ではやはり、やたらと教師が学校をサボリ、デモばかりやっている様に見えるのはひが目か。今日(こんにち)またしても教育が歪曲されようとしている。これはわからぬこともない。ならばその現状を憂いて立つ教育者は、国民をひとしくうなずかせるのにもう一歩も二歩も努力をしてもらいたい。恐らく「何故勤評は悪いか」――知っている者は手を上げなさいと国民に聞いたら「よく知りません」と言うのが八十パーセントだろう。続いて「それなら勤評反対者たちはどんな教育体制を望んでいますか」の質問には、まるで答えがないかも知れぬ。争う前にまず、かんで含める様なPRが必要だ。君たちだけがいきまいても「海より深い我が師の恩」と歌った私たちは、そのえらい先生がプラカード書きに忙がしいだけでは、ただ手をこまねいてとまどうばかりだ。

それから何があったろう。

そうだ、皇太子の結婚がある。これはまあお目出度いことで、私の近親の結婚と同じ程度に慶祝を感じた。ただ驚いたことには、皇太子と美智子さんとは大変な人気者だということを知ったことである。「俺の人気に比べると大分量が違うわい」――と、うらやましくなったことである。老いたり森繁久彌――若いもんには勝てんのだ。

紙数もつきた。一九五九年の「時」もつきて来た。最後に親友であり先輩である兵庫県知事阪本勝さんの競輪廃止に遙かに声援をおくる。理屈は抜きにして「バクチは私も大きらいだ」。

〽競輪を許す役人麻雀し……だ。

頑張ってください。

ああ、昔ながらの鐘の音が聞える。百八ツでも千八ツでも打て――それは今日への警鐘であらねばならぬ。

明けて一九六〇年、私たちは手をくんで、せめて血なまぐさくない歴史を一頁でもつくろう。

ベル先生へ

西暦一八七五年二月十四日。

アメリカの物理学者、アレキサンダー・グラハム・ベルが電話を発明した。で、今回はそれを記念して地下にねむるベル先生に、あなたが発明された電話が、こんな逸話を生んでいますと御報告をかねて先人の功をたたえたいと考えた。

新派の伊志井寛さんのお宅に、僻村から女中さんが来た。或る日、出先から伊志井寛さんが御宅に電話をしたところ、あいにく、彼女が一人留守番をしていたのである。都にのぼって来て、見るもの聞くものすべてが、騒転驚観（こんな言葉はないが――）の中で、ひとしおおばこの頭と心をなやましたものは、村には数えるほどしかない――あのケタタマしい音で鳴りひびく電話であった。その日も、彼女はこの音にどぎもをぬかれながら、家人の不在のため、しかたなく不馴れな受話器に近づいて恐る恐るとりあげた。

ベルは止った。

レシーバーからは男の声である（寛さん御自身）。

「モシモシ」

「…………」

「モシモシ、誰だい……モシモシ」

「…………」

「おい！　おれだよ」

「ハイ（蚊のなく様な声である）、オレ様ですか？」

「えっ？　オレだよ」

「ハイ、コレ様ですか――」

「何を言ってるんだ、オレだよ」

「ハイ……」

丈はここで、当惑した。何となれば、この少女にいかにして自分がお前の主人であるかをわからせようかである！　しかし、自分の家に電話をかけて自分の名前を名乗るほど馬鹿げたことはないので、丈はまったく大弱りしたそうである。

「馬鹿だな、俺の声が分らんのか、オレだよ」

「ハイ、オレ……」

「しっかりしろ！　伊志井だよ」

「そうです」

「何がそうですだ！　困った奴だな、伊志井寛だよ」

「先生はお留守です」

「何だ！　俺が電話をかけとるのだから留守は当り前じゃないか？」

「みんなルスです」

ガチャリ、先方は、ふるえた声を残して切ってしまった。


次の話は——。

私の家に、いや私の家ばかりでなく俳優さんのところには、概ね、この被害をこうむらない所はないというほど、深更三時頃に、ジージーとベルがなることである。家内がかわいそうに、ねまきのままふるえて飛んで出ると、

「私はね、或る会社に勤めている者だけどね、森繁さんは在宅でしょうか——」

「ハイ、おりますが、今、やすんでおります。何か御用で御座いましょうか」

「御用は別にないんですが、今、俺ね、深夜勤務してるんでね、ちょっと、退屈してるからね——」

「ハア？」

「いや、実は私はね、森繁さんの大ファンでねえ、レコードは全部もってるのよ、枯すすきは一とう好きでしてね、こんど、会社の慰安会で歌うんですよ、皆はですね、森繁さんにそっくりだと言うんですよ。あーモシモシ、あんたは女中さんですか？」

「いえ、家内ですが——」

「あ、そうですか、奥さん声が若いね、へへへッ……、じゃ起さなくてもいいですから……奥さん、

聞いて下さい。ちょっと、僕歌いますから、似てるかどうか、聞いてくれよねー――」

「恐れ入りますけど、今、夜中の三時ですから、また……」

「はあ、いいのよ。五時に僕、交替ですから、〽俺は河原の枯すウすウき……枯すすきってとこが、森繁ぶしで一とう好きなんだ、似てるでしょう？　もう一ぺんやりますよ……」

「どうぞ、気の済むまでお歌い下さい」

女房も、やぶれかぶれでつき合わされ、あげくのはては風邪を引いたという話。

そういう家内も時々聞いていると、

「ええ――ええ、わかりました。ほんとに、どうも有難う御座いました。ハイ、ハイ、じゃさよなら……。あっ、それからね、明日のことお忘れなく、じゃ、失礼します。（ああ、やっと済んだナ）……え……そう、ほんと、ほんとうに、そうですよ、ええ……、それがね、そう、先程も申し上げたでしょう（じゃ、もういいだろう、さっき言ったんなら）ホッホッホッ――そう、そうなんですよ、厭んなっちゃいますね、ええ、ええ、じゃ、こんどはほんとうにさようなら（まだ切らんのか！）じゃ旦那様によろしく、ハイ、ハイ、有難うございます。ええ……ほんと。お名残り惜しいわ、ハイハイ、御免あそばせ。（ああ、やっと済んだ）」

ほんとうにさよならでも、なかなか、さよならにはならない女房族の電話である。大体、五分から長いのになると三十分に及ぶのである。

電話には、電報のように電話用語があったほうがいいと思うことがしばしばある。よく新聞社や雑誌社からの電話で簡単に用件だけ先方が言ってくると、家人には実に不愛想に聞えることがあるらしい。季節の挨拶や、お世辞をぬいて用件だけをしゃべると「ほんとうに生意気な電話」とか、「実に無礼な人だワ」とか、いわれがちである。ところが、このほうが、ずっと簡潔で大助かりなんだから、いっそ電話用語があれば不要な感情を挿入する必要もないと考える次第である。

私が社長なら、入社試験に、電話をかけさせるのと、電報を打たせる問題を出したい。いかに簡潔に、しかも相手を損わず用件を言い尽せるかを試す――これは好個の試験材料であると思っている。

そういう私が、或る日、大阪から東京へ、原稿を読みあげて、二千三十円也をとられ、稿料二千五百円が、ほぼパーになったことがあり、あんまりえらそうなことも言えぬ「アッパ・デンワ」でもあったが――。

ベルさんが発明した電話も、かくの如く、珍談、逸話を生んだ次第だが、昔、電話が、東京―横浜間に初めて生まれた時、一年間の電話料を四十円と決めたのは、小僧さんの一年間の仕着せや、小遣いや食費が、一年約四十円であったので、一人分は助かるだろうということから、これを規準に決めた話など、うがって妙をとおりこし、滑稽にさえ思われる。また、武士の娘が、おもにこの交換手という文明仕事に、たずさわったそうで、昔の交換嬢が、宝塚歌劇の生徒と同じように青い袴をはいていたのもその名残りと聞いて面白い話と思った。しかも、モシモシ嬢を馬車や人力車でおくり迎えしたのは、何か文明開化の風俗史を物語っている。

もう一つ——。
これは、最近東京の電話が局番を三数字にしたことであるが、番号を合わせると七数字になる。七数字の記憶ということは知能指数七十五から八十以上のものでないと覚えられないとしたもので、東京に住む連中は余程、利口でない限り百も二百もの必要電話の番号をいちいち暗記出来ぬということになるのである。

ターマンという学者の書に、知能指数を測定する七十問の問題が出ているが、その六十七番目の問題が、——今から私のいう七つの数字を、私が言い終ったら復唱して下さい——というのがあったのを記憶している。

電話局に利口ものと認められたのは有難いが、有難迷惑をしている連中もウンといることを電電公社も知って置く必要があろう。

さて、そんな有難い便利な電話であるが——。

宿酔もはなはだしく——おそるおそる朝の玄関の戸をたたくや——。

「どうして、電話ぐらいかけて下さらないんです？　寝ずに朝まで待っている身にもなって下さい」

なんとやりきれんものを、ベル先生よ、あんたは、発明されたんでしょう。ああ電話！　クソ電話め！　とその時はドブにたたきこみたい気にもなる。

仲人

本日は知人の息子の結婚式で、アッパ夫妻が五度目の仲人である。

「ハイ、お次ぎの方」と言わんばかりの神前の儀がすんで、いよいよ披露の宴であるが、花婿花嫁の両人はもちろん、両家の親たちの切なる希望で、

「どうも、今までの式じゃ、気にいらんと言いますし、一生一度の晴れの日だから何とか楽しく、しかも印象深くやりたいというので——。いえ、実は貴方をお願いしたのも、その方の達人（？）と存じましたから……」

これには全く恐縮したが、ことがめでたいことだけに、

「いいでしょう。ひとつ型破りの披露宴を演出してみましょう」

と、とんだ演出家を引きうける仕儀と相成った。

さて、いよいよその披露宴が始まったのであるが——。

チャイムの音で来会者は宴会場に入り、まず各々のテーブルにつくと、男友達と女友達が二列に並び、やがておごそかに結婚行進曲が奏でられると、私たち夫婦によって花婿花嫁は導かれ、両親がこれに従って入場するのである。

そして、「おめでとう、おめでとう」友達たちの花吹雪のトンネルを両人は進んで、拍手の中を席に着くのである。

ここで、従来ならば進行さんの声で、仲人さんのほめ言葉から名士の御挨拶が始まるのであるが、この辺がいつもお通夜のように行きすぎの厳粛さが暗く重い感じをあたえるので、この度の仲人は披露宴に入ると、司会者をもつとめ、ここからの模様をがらりと変えたのである。

「みなさま、ただいまめでたく神の御前にかためての儀式は終りました両人でありますが、ただ今から、両親、親戚、知人、友人の前で、もう一度おごそかに、しかも楽しく、われらの式典をやりたいと存じます。（拍手）それでは杯を高々と上げて、新しく生まれる二人の生活を祝って『スウィート・ホーム』をみなさまに歌っていただきましょう」

両人の紅白の酒は申すに及ばず来会者の杯は高くささげられた。花婿花嫁はもちろん、みんなも、飲み、歌声は流れて喜びは堂に満ちあふれたのである。

やがて「献詩」である。友だちが円い輪を作って両人を中に入れ、荘重な音楽に乗って未婚の男女の友は羨望に交えて、今独身にさらばする二人にあきらめの詩（うた）を謳（うた）いあげ、かつ、二人の今日までの紹介もその詩の中にかねるのである。やがて仲人によって運ばれた銀盆の赤いリンゴを、花婿が二つに割り、ともに両人はわけて、これを食べるのである（この習わしはコーカサス地方の結婚式にあるそうである）。この時に和製のシャンパンをぬこうといったが、経費の関係上、これはやめて、クラッカーをポンポンと二人に浴びせたのである。この間、来会者はガブガブと勝手に飲んでいいのである。

ついで両人は私たち仲人に案内されて、すでにパクついている各テーブルを回り、ワイヤレスマイクを持って（携帯無線で、ステージで使っている奴である）、一分間ずつのお祝いの言葉をうけるのである。これらの声は、スピーカーに流れて場内のすみずみまで聞える仕掛けである。

ここで、お色直し（いろなお）になり、宴はようやくたけなわとなるころ、洋装になった二人にいよいよこの仲人が得意の演説をブツのである。

「本日は御両君、おめでとう。

輝かしい希望に満ち、未知の冒険に臨むがごとく心は躍り〝いかんぞ人生を発展せざらむ〟と限りない空想の羽根をのばしていられる御両人の今日のよき日に――これはまた、少しばかり冷や水風の祝辞で恐縮でありますが、何事も、事の始めが大事なことでありますから、あえて、きらわれ役をかって出て、一言、前車の轍をお話し申し上げる次第であります。

まず花嫁さんに――、女は昔から嫁に行くことを、『かたづく』と申しますが、なかなかうがった名言で、嫁にかたづくと同時に、女は朝から晩までかたづけるために生きているようなものとなるのであります。『あなた、おきて下さい、そうでなきゃちっともかたづかないワ』から始まって、朝御飯をかたづけて、主人を送り出してこの方をかたづけ、ホッとする間もなくＰＴＡで、学校の方を午前中にかたづけ、帰ってからお部屋をかたづけて、冬物のかたづけが終ると夕御飯、これが、主人が遅いので、ほんとにかたづかなくて困るワ……で、やっと御二人でおやすみになり、そのあとのこともかたづいて（これはチト味気ない話ですが）、また朝が来て――。

やがて、そんな日を何十年かかたづけて……とうとう年をとり――あそこの婆さんもとうとうかたづいたか――になるのであります。（笑声）

これは一見、女のあわれのようでありますが、これが女の――いや妻の座の宿命でありますので、始まってからボヤいてもせんないことでありますから、ちょっと一言――（ガヤガヤと周囲に声あり）

え―、ではつづいて、御亭主の花婿さまに一言申し上げます。

あなたは本日、長途の二人乗り自転車のマラソンに出発されるのであります。しかも、このマラソンは、競争相手のいるようないないようなマラソンで、おまけにゴールがないのであります。いや、ゴールもあるといえばあるのでしょう。遙かにかすむ青山がそれであるかも知れませんが――。本日のあの神前のおごそかな儀式はスタートにもたとえられましょうか――。そしてこの披露の宴は、スタートの後のトラックの一周でありましょう。賑（にぎ）やかな歓呼や万歳（ばんざい）や拍手が、雄姿の上に浴びせられ、えらばれたる選手に栄光の歓声が場内をどよもすのでありますが、やがて競技場のつまり結婚式場の門を出られると同時に消え去るのであります。不思議なこの二人乗りの自転車マラソンは――つまり今までは御一人でしたが、今日からは後方の荷物台に奥さんを乗せてのレースでありますから――拍手がやがて遠のきますと、初めて足の重さがじっくりと感じられて、『ハハーン、これが、これからの人生の荷物（シックステーントン）か』と思われるにちがいありません。もっとも、これが、夫婦ともかせぎの場合には軽井沢などで貸してくれる二人こぎの自転車で、疲れれば休み休み交替にこいだり、力を合わせれば、スピードが倍に増したりすることもあるのでありますが、原則として、ダンナ様がこぐことになっておりますので、足のつかれは十分覚悟の上で御出発にならなければなりません。

しかし、嬉しいことに、今までの一人旅のさびしさはもうありません。夜道も峠も、雪の道も、うしろに妻じゃ人がいて、寒ければ着せかけようもし、腹がへればにぎりめしも、ほうりこんでくれようというものであります。ありがたいことです。ポカポカと陽気がよければ二人で歌のひとつも出るでしょう。だが冷たい風の日もあり、雨ふりには時々亭主はハンドルをまちがえ、力づけにひっかけた酒に足をとられてぬかるみに落ちこむこともあり、下り坂に調子がつき隣りを走る娘さんに手をふってひっくりかえりそうになったり、いろいろなさるでしょうが、まあそんなことは長い人生行路には小さな出来ごとです。そして恐しいことには、その自転車の上に一人二人三人と子供という乗り手が増えてゆくことであります。しかしもうこぐのをやめることは出来ません。何故なら、こぐのをやめればすぐにも倒れる二輪車が夫婦というものであります」

隣りの席より女房のささやく声あり、

「何をいつまでも、クドクドしくおしゃべりしているんです。早くかゝたづけゝて下さい」

習慣の寓話

数寄屋橋（すきやばし）の上に一人の乞食がいたとしよう。その乞食に、服部（はっとり）の時計が三時をうつと同時に、一人の紳士があらわれて千円札をポンと与えた。

乞食は眼を白黒させ、仮病の姿をガバとおこし、この世にかくもキトクな施主の姿を仰ごうとするに違いない。そして、その夜はおそらくまんじりともせず、その男の過分の恵みに、喜びや驚きや、いくらかの疑いまでも交えて感謝の夜を過すに違いない。

――これを一つの譬喩としてお話をつづけよう。うんと疲れて悪くなった胃袋に、すばらしい薬を投じた第一回目とお考え願おう――（精神分裂症的な話の仕方で申しわけありませんが、もう少し先を――）

さて続いて次の日、また服部の時計が三時を告げると同時に、件の紳士は再びあらわれてその乞食にまた千円札をポンと与えるのである。乞食はおのが眼を疑ってその紳士を見送り、一度あることが二度ある偶然の度かさなりにオロオロとさえするのである。

――これがつかれた胃袋への二回目の投薬であるとお考え願いたい――

さて、いよいよ三日目であるが、こんどは乞食の方が服部の時計の音を待つようになり、或いは今日も――、ひょっとして、ひょっとがあるかも知れぬと、眼を皿にして件の紳士の来訪を、右を見、左を探すようになることはあきらかだ。するとまた、時計の音と同時に紳士はチャンとあらわれて、千円札を投げ与えて去るのである。

――投薬三回目である。どうやら胃もこの薬になれ、効をあらわしたかに見え始めるのである――

さて、四日目、今日は何としてもお礼だけでも言いたい、このすたれた私の人生に喜びをわきかえらせてくれた旦那の、せめてお名前だけでも、と思うのである。――三時の時計に紳士は間違いなく来た。が、この時の彼の気持には、喜びを別にして、来ることを不思議とせぬ当然の気持が芽生えつつあることを見のがしてはならないのである。

――既にして四回目、習慣は成り立ったと見てさしつかえなかろう――

これはなかなか面白い問題である。紳士はチャンと来た。なるほど、彼の考えたごとく千円の実入りは当り前となったのだ。

そして、五日目、三時には必ず千円入手することが当然として、それはもはや彼の生活になってしまう。

――という話であるが――

さて、この話は何を伝えているかというと、すべて人間の習慣は、この「乞食と千円札」のごとく規則正しく五日間続けると、すぐそれを身につけてしまうようになってしまう性（さが）のあるということである。

医者が、胃の悪い患者などに毎日時間を決めて規則正しく食事をとり、しかも一定量を決めて、そして食後三十分にこの薬を飲んで下さい、などと言うが、これもその習慣の利用で、こうすることに依って薬石の効（きき）めはなおあがるというわけであろう。だから、最初の千円札で胃袋をびっくりさせただけでは大した効めもないが、五日やることに依ってそれらは顕著な結果をあらわすというわけだ。

今までお芝居をやって、二度もこんな目にあったのだが、奥の臼歯がグラグラになり、オタフクさんの片方のようにホッペタがはれあがるのである。劇場のアナウンスが急性歯骨膜炎で……とひん曲った顔の言い訳をして、最終の日をどうやらつとめた例が二度あるが、こんども、東宝劇場の芝居で、もしもまた疲れて顔がいびつになってはみっともない――と、先日歯医者さんで、これを抜いてもらった。そして生まれてはじめて、三本つながる入れ歯を口中深くはめこまされる身とはなったのであるが、何とこれが口の中で、異様な異物として場所をとり、メシの味も、おしゃべりも、どうにも具合が悪くて閉口したが、これが五日もするうちに、だんだんと悪い感じがうすれて、口の中の一部分になってゆくのには驚いた。こんなところにも、この「五日間」が発見されて苦笑いをしたことである。

ところが歯が快くなると、急に食欲が出て来て、前々から一度うんと食ってやろうとあこがれていた焼鳥屋を訪れたのである。

元来、この焼鳥という奴は、小骨をかむところに味の妙味があるので、歯のいい悪いで、うんと味の違うものである。

つぐみよし、すずめまたよし、たれの美味さにコリコリと小骨をかんで一杯のむ、そこはかとなき日本の味に、歯の完成は最大の味覚を味わわしてくれる。

酒よし、女将また更によし、よくもまあ、この焼鳥の煙ですすけぬものと思われるほどの色白の面長が、日本の女の味を見せて、焼鳥の味をまた倍加するのである。

さて、その日は、楽しくみちたりて帰宅したが、次の日、丁度同じ時間に友だちと逢ったので、自慢タラタラ、「一つ美味い焼鳥を御馳走しよう」とこの家に誘った。ところが友人もすっかり気に入ったらしく、ここをヒイキにすると言う、そして昨日と同じように、その日も甘だれのコリコリ骨に、つい杯をすごして帰ったが、三日目も何かの都合でここを訪い、ついに、かなしい哉、例の習慣が私の中に発生しはじめたらしい。もう、その時間が来ると、やもたてもたまらないのである。ああ焼鳥をくいたい……これで分った。

なるほど、銀座に店が何軒あるか知らぬが、この界隈の総数は相当の数だろう。しかも、おそらくその九十パーセントが飲み屋であり、そのまた九十パーセントが女性を店にそなえている。この極楽地帯を（奥さんに言わせれば、地獄と言うかも知れんが）横目に見て帰るとするなら、その男こそ、どこか欠陥があると見ていいくらいのものである。

世の女房族の宸襟を悩ます原因こそ、ここにあるのであろう。しかも、ここにおいて、「乞食と千円札」が実行されるとしたら、これはもう一種の慢性の病気にかかったようなもので、早く帰れんのが当り前と言わねばならない。五時のサイレンが鳴り、六時の時計が鳴ると、その夕やみの気配のなかで、行きつけの店の、坐りつけの椅子で、飲みつけの酒を、見惚れつけている女将の酌で、ちょっと一杯やらねば、その日の結末がつかないように出来ているから、奥さんの誕生日にも、遅れて帰ってくるサラリーマンなのである。誰をうらみようもなく、誰もまた悪いはずはない。この哀しい人間の弱性こそ、人の子のいとおしさであれ、うらんだり叱ったりするほどのことでは更にないのである。おつうじの時間が朝きまっているのと大差のないことなのである。

ただ、いまだに不思議なことが一つあるが、女は、特にこの五日間の習慣の強い動物であるのに、こと亭主の帰宅の遅いことには一向馴れる様子がないことである。十二時の御帰館がつづいて五回に及んでも、さらになれる風もなく柳眉をさか立てるにおいてをや、神様という人はよほど皮肉なものを作られたとつくづく……。

「何を書いていらっしゃるの?」

お茶を持って来た女房が、横からサラサラとこれを読んで、次なる感想をもらした。

「毎日、六時に私に千円ずつ下さいナ。ついでに一時間遅れるたびに五百円ずつ残業手当をいただかして下さい。ちゃんと習慣として身につけましょうヨ」

往生致しましたお話です。

顔

「顔」というものは、人にまちがえられぬためについているもんだろうが、まことに千差万別、これほどこった物はないと思うのである。

早い話が、

「この顔なら嫁にもらう」

とか、

「この顔ならニューフェースにパスする」

とか、

「この顔なら皇太子の奥様として申し分ない」

とか、

「この顔こそ今年の流行だ」

とか、

「この顔が犯人だ」

とか。

同じように目があり、鼻があり口もあり、歯も生えていて、適当に髪の毛が上部をおおい、耳もさほど違った場所についているわけではないのに、およそこれ程違った趣きを人に与えるものはない。

また、この顔が立ったり、つぶれたりするのも、まことにおもしろい。

「顔を立てる」「顔をつぶす」「顔をつなぐ」「顔で入る」etc……。

「顔」、その顔のお話を、アッパだんぎの最後にお話ししてみようと思うのである。

まず男の顔であるが、私がメークアップをして、口髭（くちひげ）やあご髭をくっつけると、実にしまりのいいよい顔になることにうすうす気が付いていたのだが、さきごろ、明治の写真集を見ていたところ、元勲諸公は、みんなヒゲをたくわえ、なかなかまとまったいい顔をしていることと照し合わせて、この謎が解けたような気がしたのである。つまり顔に生えてくるものを、やたらにそったり、短くしたり、勝手なことをしないでおくと、ちゃんと顔の美的バランスがとれるようにできているのではないだろうか。

つまり、まのびのする空地を適当に毛が埋めて顔の均衡をたもってくれるのである。

頭に黒い頭髪が生えているから、頬からアゴにかけて髭が生え上下のバランスがとれ、マユゲが二つ、八の逆さに生えているから、鼻を中心に、その下に八の字のヒゲをたくわえておさまりがつくのであろう。

この下のほうを、何をまちがってそり落したか、それがために、つるりとしたしまりのない顔が今日の顔になってしまったのである。これこそ自然の理（ことわり）にそむいた、現代人のアホウ面（づら）というわけだ。

外人といっしょに写っている明治の政治家を、現代の政治家とくらべて見るとすぐわかることだが、前者には、なかなかヒケ（髭？）をとらぬものがうかがえるのに、後者は、一見すぐにもわかる日本代表で、ひらぺったいまぬけた東洋人の顔が外人の中に見えると、大事な国際交渉もうまくゆかぬかにさえ見えるほどである。

これは日本人もうすうす気がついていたらしい。このまぬけ面を何とか防ごうと、涙ぐましい努力はしているようである。

そのよい例が眼鏡である。日本人ほど眼鏡の好きな国民はないといわれるが、これを真中にかけて、アホ面をいくらか利口に見せかけようという、大いにつもりはあるらしい。

昔も今も、ダテ眼鏡が流行し、学校の父兄会には母さんが金ブチの眼鏡をかけて行って、玄関でけつまずいてころんだ話はいくらもある。

芝居でもそうで、大学出とか、学者とかいう配役だと、必ず小道具さんが眼鏡をかけますかと聞きにくる。

さてこの辺で眼鏡やヒゲの話はおしまいにして、次に女の顔であるが。

おろかしくも、バカとも何とも言いようのない哀しい愚が、女の毎日にくりかえされていて、しかもそれに気がついていないことを発見したので、そのお話をしてみたい。

女は鏡で見た自分の顔を、まがいもない自分の顔と信じこんでいることである。妙な話に聞えるかも知れないが、鏡に写った貴女の顔は、貴女が見ている自分の顔で、世間が見ている貴女の顔ではないという、この大いなる事実を知らないことである。

一尺五寸、鏡から離れたところで自分の顔を見ることは、奥へ一尺五寸深く写っているのだから、つまり三尺離れたところで見ていることになる。そしてつくづくとおのが美点にほれこみ、悪いところを、そのたびに口惜しがるのである。

もう少し、目が大きかったらとか、二重瞼ならとか、鼻がもうこのくらい高ければとつまみあげて見たり、口をいろいろに変えて、こういう唇であればずっとよい感じだわ、とか、鏡を見るたびに同じことを、性こりもなくくりかえし思うのである。

ところがよく考えてご覧なさい。いっしょに住んでいる夫も、あるいは親も、近所の人も、友だちも、会社で前に坐っている同僚もずっと以前からその顔があなたの顔だと思わされて見て来ているのである。そして、その顔をあなたと信じているのである。

しかも、「それでは困る」とか「そんな顔ではいやだ」とか一度も言ったことはないし、従順にその「顔」のあなたにおつきあいして来たのである。

あなたが一日に十回鏡を見るとしよう。一回を五分として通算五十分である。ところが他人の方は半日もあるいは終日その顔の前に坐って、あなたの顔とお話ししているのである。大してその顔に不満もなく、また我慢もせずに――。それなのに不思議やあなただけが勝手に不満なのである。

まことに滑稽なお話と、お思いにはなりませんか。そして、もう一つ大事なことをつけ加えさせていただくなら、私たちは鏡を見ている時の、つまらない無表情な、御自分(あなた)の顔なんかではなく、貴女が闊達(かったつ)に話をしたり、下を向いて恥じらったり、明るい笑いをまきちらしたり、あるいは、哀しい話に、涙までためて聞き入ったりする奔放無限(ほんぼうむげん)の表情に接して来ているのである。あなたはごぞんじないかも知れないが、あなたのいきいきとした顔を見て来たのである。それがどんなに美しかったり、ほほえましかったり、可憐(かれん)であったり、チャーミングであったりするかを――。実はあなたは、ごぞんじないのである。

いわゆる美人でない顔の持主が、果してお嫁に行く率が悪かったか、長い人間の歴史を通して見てもよくわかるように、おかめさんほど、よかったくらいだ。むしろ美人ほど不幸が多かったといえるぐらいのもので、いつもそのよいお顔をくずさぬように、こんな顔をしていなければと、気負いすぎて、表情を失った麗人が冷たく見えたり、顔にくらべて心がギスギスしていたり、あたたかさが不足していたりすることは、私たちのまわりにうんと見て来た現実である。

諸嬢(みなさん)よ、諸嫁(みなさん)よ、その顔に大いに自信をもたれよ。そして、あたたかい心の動きが、すなおに顔にあらわれるよう、毎日を豊かに過していただきたい。ついでに鏡なんか捨ててしまいたまえ。「鏡」とは「禍我見(かがみ)」でありますぞ。

この私も、この顔にドーランや髭や、もろもろのものを塗ったり、つけたりして、何十年になるのだが、どうしてもこの顔ではその人物になり切れぬことが多かったが、私の芸もこの顔のように限界があるのならせめて心の表情をその顔にうつしたいと願ったのである。

そしてまた私の顔にも良し悪しがあるように、私の芸にもまた良し悪しがあり、その良しは必ずしも万人共通ではなく、良しを悪しと見る向きもあり、人おのおのは、他人の顔を見るごとく、人の芸に対しても、まったくすきずき勝手であるのである。

いくどか私の芸を——顔を根本から、整型美容するように変えたいと願ったが、鼻にプラスチックの棒を入れ、鼻ばかり高い美男になる愚をおかしたくないとさとり、批評家諸氏の「もう少し芸域をひろげたらね」などという無謀なご要請にもそむき、森繁調の根本的改造はやめたのである。ついでに、この「顔」もあんまり押し売りするほどのものではないことも悟ったことはありがたい所産であった。

〃あなたが鏡で見ているあなたの顔は――死んでいる顔〃

〃他人が見ているあなたの顔は――生きているあなたの顔〃

顔も語ったならついでにお尻も語りたいがこれは別紙にしよう……。

回を重ねて二十一回、アッパだんぎもどうやらこの「顔」の押し売りがすぎたようで、鼻についてきたきらいもあり、この辺で引き下ることにさせて戴くことになりました。

長い間の無責任放談、「顔」に免じて、乞御容赦。

二

ハショリすぎる言葉

阪東妻三郎が阪妻(ばんつま)であり、もっと古くは沢田正二郎が沢正(さわしょう)と愛称された。私のことも以前は「森繁さん本名は何とおっしゃるんで？」とよく聞かれたもんだ。つまり聞く人は森田繁太郎というような姓名をモリシゲと人が呼んでいると思ったらしい。世の中のあわただしさが言葉をハショるのだろう。これは日本にかぎらずアメリカあたりもそのようで、チョコレート・サンデーをくれというとウエートレスは小首をかしげる。あながち発音が悪いばかりではないようだ。すでにそれはチャックサンデー、それ以外には呼ばれないからである。コカコーラがコークで、ジョンソンがジョンで、エリザベス・テーラーがリズである。

これは不思議なことに都会のそれも一番目まぐるしい場所に多く発生する。たとえば東京大阪に多く、そのまた一番忙しい、テレビ局とか新聞社とかがその代表であろう。新聞社の方はよく知らぬが、テレビ局などでは私どもこそ何の抵抗もなく使っているが、外からの方はいったい何をさして、どれをそういっているのかキツネにつままれたようなもんに違いない。

早い話が、イチスタ、二スタというが、第一スタジオ、第二スタジオがちぢまったものといいながらよく考えて見ると、バカみたいなヤツが最初にいい出したようなもんで「イチカメがシゲさん、二カメこっちへきて、三カメ引っ込んでツーショット」親カメの上に子ガメがのってといいたくなるような話だ。イチカメとは第一カメラである。二カメ、三カメはそれにならう次第。

「カメリハいきましょう」が、このごろは「カメリー」になってきた。私の知人がスタジオを見にきて「カメが出てくるんですか？」と聞いたがムリもない話だ。カメリハ、どこの言葉だろう。カメラ・リハーサルのことである。

「バンセンに頼んで写真もらってこい」バンセン写真館というのがあるのかと私も思った。よく聞けば、番組宣伝の略である。「ゴショクで待ってる」は五階の食堂で待ってることで「イッチャへ行こう」は一階の喫茶部である。その他一ロビ（一階ロビー）三ロビがあり「スタカンがきたぜ。たばこを消せ」が何とスターの監督ではなくスタジオ管理マンのことである。

ある日、社長が、えらいさんを案内して局内を巡回中、廊下で突如局員のけたたましい声にびっくりした。

「オトイレいきますよ」

社長は列を離れ、くだんの男を呼びとめておこった。

「便所ぐらい、ことわらずに静かに行け、バカもの！」と。気の毒なのは社員である。彼は別に便所に行きたくはない。いや、それがよく聞けば「音入れ」と称する短縮語で、すでにでき上がった録画に音楽を入れる作業であったとは、社長さまにも聞こえなかった。

イモ役者

おなかのぐあいが悪いので、たいへん失礼だが、そのお宅でトイレを拝借した。ダップンの苦痛に反して何ともそこは清潔で、この家の主の気心もしのばれるシャガミごこちである。

見れば花ビンに一輪の花もあり、不浄の場に風趣をそえるたたずまいではあったが、よく見ると、これが生花ではなくて、当世流行のホンコン・フラワーである。しばらく面壁ののち、ふと、ウンコとホンコン花とはまったく無作用の二物であることがわかり始めてきた。かおりもなく、自然がつくった色ではもちろんない。ましてやふれれば散り舞うどころか、カラカラと音のするただの化学製品を色づけた花らしきもの、それとなまなましくいま、私を離れる物体との間に、興趣をわかす一ぺんの連関はないのである。

そんなことから、つらつら考えたことだが、三百年も昔世阿弥(ぜあみ)という天才がいった言葉だ。役者には、花のころと実りの時期があるという話――この行き届いた便所で備えつけの芸能雑誌を手にとってパラパラとページをくると、まこと花と競う極彩色のA嬢B男の写真が紙面を埋めつくしている。花と咲く時代、大いに結構だ。これを賞(め)ずるに私もやぶさかではない。花はくらうものにあらず見るもので、いささかのシットが手伝っても「ああ美しや」と鑑賞、嘆息するものであろう。

さて、しかし、その花がすべて実りをつけるとは自然が許していない。花の季節は短うて――。散るまいと風に雨にたたかれながらも、あとかたもなくいちおうは落花するのである。そしてその次に実りへのいとなみがきわめて地味にその中核に始まる。いや、始まるのもあれば、始まらぬのもあるわけだ。そして星霜がこれをたたき、害虫がこれをむしばみ、あるいはカラスのえじきとなり、残った実は重量を増すごとに風やアラシが、いっそう身にこたえるのである。そして、せっかく、あすこまでいったのにと惜しまれながらある夜のできごとで実にあえなく地に落ちてくちはてるのである。思えばかなしいことだ。

しかし、何人かは残るのだ。彼らは熟し、そして賞味される日がくる。それらは、美しい型や色つやのものもあれば、型はみにくくとも渋い色彩が歳月を見せ、その味に人の舌をとかす者！　もある。すなわち、見るものは、ここにいたって「味」の世界にくる。反スゥがん味してゆくうち、万人はこれにひかれ心を肥やすのである。もうそこには往年の花の姿はしのべどもない。これをつつんだ緑葉もない、一枝、寒として一個の実は孤高の姿をさえ見せる……そんなきびしい晩秋の景色を、私はシャガミながら心に描いていた。

○

「まあ、お長かったこと」と奥さんは縁側に招じて、お茶とお菓子を……と思ったら「こんなもの召し上がる？　くにから送ってきましたの」と農林何号かのサツマイモをすすめた。一つを手に取って割れば、サクーッと光る金色の割れ目にホクホクと湯気が立っていた。長年土中に育って、ヒョッコリと顔を出すイモのような役者もいるなと思いながら、番茶にのせてノドを通した。

禁煙

火災日本にタテつくような話だが、こんなに禁煙のところの多い国も珍しかろう。

私たちの関係だけでも劇場、映画館は申すに及ばず、スタジオはどこもかしこも禁煙だ。じゃ禁煙を守っているかというと、私をはじめ総じてまずまず破禁者である。見て見ぬふりをする守衛もつらかろうが、朝から深夜までトイレにいくのさえ「お早く」と催促をうける私は喫煙所に行けぬことが多い。

大体、これをやかましく取り締まっているのは会社ではなくて消防署である。その消防署にいいたいのは、あまり頭が良くないことを無理に押しつけてかえって火事を出す愚もあるという事実である。どうでもたばこを吸いたい――というところで吸うなという方が無理だということ。これが天下りお役所式というもので、人間の生活を計算に入れた適当な処置からはほど遠い愚策だ。

私なら、このスタジオでは、すみの方に燃えやすいものがいっぱいありますので赤ランプのついた大きな（下に水オケのある）灰ざら（つまり規定の場所）のところで吸ってくださいと場所をもうける。こうしておけば、常識ある人間だ。必ずそこで吸うし、またへんなところで吸っている人間に注意もする。見つかりゃどなられるとなればこけんもある俳優諸君だ、ついつい見えないすみっこでこっそり吸う。そんな時、だれかに呼ばれると完全に消しもしないで飛んでいく。これが事故のもとである。なんでも禁じりゃ人民が良くなると思うオロカサが今や日本に充満している。

諸外国では、石油とか火薬とかが置いてある場所に禁煙の札が張ってあるので、あとは自国民を信用しておる。〝ダンはくな〟〝ツバをはくな〟はさすがに減ったが、文明の浅かった私の少年時代にはいたるところで目にふれた。つまり〝わが国民は土人なみです〟と国が宣伝しているようなものである。

あるスタジオで、連れの外人に「ノースモーキング」と注意したら「ガソリンがあるのか」と聞きかえされたのには往生した。

慈善と偽善

そろそろ年の瀬の行進曲が始まった。

まずは郵便物に交って、大きな色紙が必ずはいってくる。いわく、歳末助け合い運動にご協力を――というわけだ。協力することに、やぶさかではないが、チト頼む方にチエがなさすぎるのではないかと、いささか業腹だ。色紙を二枚ほど、大きなカン袋に入れて、これぞとおぼしきヤツに送っておけば、恐らく二分の一か、うまくいって三分の二がお墨つきになって返ってくるだろう。それをどこかのデパートの片すみでも借りて売ればいいのである。

そしてその金を、さも当方が努力してカキ集めました、みたいな顔をして、民生委あたりへ差し出せば行事は済む。もちろん、その金とてモチになり毛布になりはするだろうがあまり腹の痛まぬのは、ご企画あそばした○○社、あるいは××クラブ、△△団体で、一番迷惑をこうむっとるのは、日夜、その色紙に真剣に取り組んでいる私らである。

善行だからこそ文句もいわぬがよく考えてみれば、人のふんどしで相撲をとってるやつに忙しい中をこきつかわれているみたいなもんだ。私たちは私たちで十分、歳末の行事を持っている。だから、××クラブも△△団体も、いわば金持ちの集まりみたいなものだから、私たちに依存せず一人で十万円でも百万円でもことしの利益の何%でも出して、どんどん現金をもっていったらどうかと思うのである。他人にいろんなものを書かせておいて、それを売って——私どもはいい事業をしました——は無いもんである。

「あゆみの箱」も数十人の委員によって運営される法人組織になってまことにりっぱな団体になった。自分でいうのも変だが、芸能人が集まってやった仕事の中で、あとにも先にも、いい仕事はこれ一つぐらいなもんだろう。ところが、毎日のごとく、この本部に「あゆみの箱」のチャリティーショーをやりたいから、の申し込みが殺到している。ありがたいことだとよくよくみると何とこれがたいがいは宣伝の媒体としての利用である。バカにするなといいたい。

「あゆみの箱」の本質は、チャリティーショーや金持ちの大口寄付にアズカルことでは、実は無いのである。いかに零細とはいえ、全国の心ある人々の絶えない十円や二十円に期待しなければつづきっこないし、意味がない。

現にドイツのコロニーでは、いっさい、気まぐれな金持ちの寄付を取らないそうだ。そんな一回こっきりの、罪ほろぼしみたいな金で、永遠につづくこの仕事を持続していくことはできないと彼らはいう。少年や少女の手にわずかなつり銭が握らされたとき「さあ、これはコロニーへあげましょうね」

と、これがドイツの母のシツケでもあると聞かされた。

サラリーマンも学生もコロニーへの何カ月かの奉仕は自由で、なんら束縛されることがないという。常にわれわれの心の中から消えない灯を「あゆみの箱」の運動の本質と心得ていただいて、どうか〝慈善〟に名を借りての〝偽〟に近い歳末売り出しのおそえものショーにしてくださるな。

細々ながらでもいいじゃないか。それは叫びをつぎの人からつぎの人にこだまさせて、永遠に幸薄き人々の正しく生きる権利奪回の手助けにならねばなるまい。

変な時代

小さな親切とか善意とかが、意外と大きくとりあげられている昨今の新聞をみながら、これはおかしなことだな、と思い始めた。

タクシーの運転手が客の忘れ物を届けた。年寄りを先に乗せている若い青年の姿がすがすがしかった。列を作って整然とバスを待つお客の写真――等々、何だ当たり前の話じゃないか。〝美しい話〟という放送をしているプロデューサー氏に聞いたところ八〇％はごく当たり前な話だと言う。ある若い職人たちの善行会のモットーに〝よいことは勇気をもってやりましょう〟と書いてあったが、よく考えてみると、よいことをするのに勇気が必要になってきたということだ。これもおかしい、そうさせた世の中を不自然と思わぬ方もおかしなことだ。

あそこのホテルのボーイはキビキビして親切でいや味がない。当たり前の話じゃないかね。そうでないホテルがあるとすれば、それは建て物だけがホテルの形で、働いている人間は、ホテルマンでもなければなんでもない、ただのアンちゃんというだけの話だ。

すべては空気みたいに、ことさら、うまいともまずいとも気づく必要のないところに、人間の生活があるべきだろう。空気のごとくそれが命の問題であるのに気さくに吸わしている――そんな自然が忘れられているところに都会がある。だから、都会の人間が、人煙まれな山の中や、岬や、高原に行くと、等しく口に出すことばをみても「ああ、空気がうまいなあ！」の一語だ。空気の味に今さら気づくようになっては、まさに一種の悲劇でもあろう。もう当たり前は、町にはないらしい。いやなくなったばかりか、傷つけられ、ひん曲げられ、チミモーリョーの巣である。安心して吸っていたお巡りさんが、交差点でひっくり返る。あわてて酸素を吸わせ、空気清浄器をとりつける。大変な努力を払わねば空気も、もうほど遠いところにあるのだ。

善行も、親切も、うんと努力をせねば実らぬ町の姿なのである。

PTA反対！

これは九州のある都市の話である。

母の日、ある小学校で生徒に図画を描かしたら、その絵の大半が、自分らしい少女がおかあさんと楽しそうに向きあっている絵だ。先生は、幼い生徒に聞いたそうだ。「みなさんは何をおかあさんと話してきました」生徒の答えは「よく勉強して、いい学校にはいって、おかあさんを喜ばしてちょうだいね！　っておかあさんにいわれた」ということだったそうだ。

先生は重ねて聞いた。「おとうさんときょう話してきた人はありませんか」わずかに三人の手があがった。

「どんなお話しをしました」「行ってきますっていっただけ」「そしたら、おとうさんはなんておっしゃったの」「おう、っていった」「それだけですか」「うん」

これは、実話である。

おかあさんも困ったもんだが、それにもましておとうさんは困ったもんである。子どもを作ったり、生んだりすることは（あるいは生まぬようにすることも）じょうずだが、作ったものにたいしての責任たるや、まるでゼロにひとしい。ゼロというのもおまけにしての話、マイナスしている親が充満している。しかももっと愚かなことをつけ加えるなら、その顔がＰＴＡなるものを組織して学校に押しかけ、昼食の手伝いならまだしも、学問はおろか、教師にまで圧力を加えている。

ＰＴＡなど即刻、解消すべきである。親が学校の教育に口をはさむなど、学問の神聖をぼうとくするもはなはだしいし、教師への侮辱でもあろう。世の校長、教師よ、声を大にしてこれを叫びたまえ。チットばかりの寄付に頭を押えつけられて、裏口入学が出るようじゃ、最近、唱えられる内申制など公正の保てるはずもないだろう。

これだけ私が代弁したのも、実は、教師諸君にも一応の反省がほしいからだ。

ウイスキーの飲み方

醸造酒より蒸溜酒というのか、最近は日本酒をやめて洋酒党がふえているが、宿酔(ふつかよい)がなくて身体にも良いというのが一般のいい分であるようだ。

昔は外人が日本酒のことをヘッドワインだなんて悪口をいったのを覚えているが、頭へくるという意味であろう。そしてウイスキーがアンダーワイン。ワインというのもおかしいが、洋酒はまず腰椎神経を先にやられるのでアンダーというわけである。事実少量の洋酒は女性などにある種の功を奏することもあると聞く。多量にのめば頭の方は確かでも足を取られて動けなくなる。こんな実験はどなたも経験ずみだろう。

ただ、ウイスキーの飲み方が最近むちゃくちゃであるのが気になる。イギリスにウイスキー、フランスにワイン、ドイツにビール、が有名だが、新興アメリカに酒の歴史がない。そんなところからせめて飲み方だけでもと〝オンザロック〟というでたらめなものが出現した。ウイスキーにせよビールにせよ四度以下にひやし過ぎではそのものは零である。スコッチもアルコールもさして変わりがないみたいなもんだ。アメリカの安ウイスキーなら氷にぶっかけてでも飲まなきゃどうしようもないかも知れぬが、コクのあるスコッチにはチトかわいそうであろう。

ロンドンで飲んだ水割りのうまさは、テームズの水のうまさではなく、温度の良さではなかったかと今にして思うが、どうかウイスキーを召しあがる時、氷のはいった冷たい水で割るとか、小さな氷を一個浮かすかでおためし願いたい。パーティーのオンザロック、会費以上飲まなきゃ損と欲にからんだご仁は必ず明朝ピーピー間違いなし、最後には胃をやられてバッカスから見離されること必定。

ヨーロッパの長旅では昼といわず夜といわず、食事前にアペリチーフと称してワインが出るが、パリの一夜、トランクの底から出てきた日本酒のカン入りを飲んで、こんなうまい酒があるのかと思ったこともつけ加えておこう。

母の日

森光子君が幕間に私の楽屋へはいってきた。うるんだ目もとが、きょうはまたすがすがしい。

「どうしたの」

「昨日、舞台からカーネーションを差し上げたおばあさんのむすこさんが今、見えてね……」

私たちの劇団は最後の幕が降りると、もう一度幕を上げて、アンコールカーテンと呼ばれる、座長ごあいさつのおそえものがある。

その日は、ちょうど母の日であった。だれかが作った赤いカーネーションの束を、客席を見渡して、一番高齢と思われた前列の真っ白な髪のおばあちゃまに、森光子君を使者にたてて捧げた。

「お越し下さいましたすべてのおかあさまに差し上げたかったんですが、それもなりませんので、皆さま方の代表をご一名、選ばせていただきました。この前の席におられるおばあちゃまでございます。お名前は存じあげませんが、お見かけしたところ、私どものおかあさまとして、長い年月、日本を吹いた風雪の中に、たゆまぬ母のお仕事をつとめ上げておいでになったとおぼえましたので。私どもの劇団にも、もし輝かしい将来が参りますれば、それは今こそ、しっかり地についた母体をつくることと銘記する今日の日でございます。おばあちゃま、おかあさま方のご苦労を心から感謝して明日の幸せを、一同でお祈り申し上げます」

会場に、割れんばかりの拍手が起こった。花束を手にしたおばあちゃまはキョトンとしておられた。包みをあけながら、森光子君が、「むすこさんがおっしゃるにはね、あのおばあちゃま、夕べ興奮なさってなかなかお休みにならなかったんですって。そしてね、わたしは一生のうちで、こんなうれしい日はなかった。もうこれで、いつ死んでもいい……そればっかりおっしゃってたそうです」

開いた包みは、心のこもった化粧品であった。私はその時、ふと小林多喜二を獄窓にたずねた母のことばを思い出していた。

「世界中の人がみんなお前を信じなくなっても、おかあさんはひとり、あんたを信じています」

一病息災

元来、私は健康で、健康なるが故の働き過ぎ、飲み過ぎ食いすぎのふせっせいが多い。ただ最近虎ノ門病院に二週間にいっぺん、金曜日に診察をかねて血液の尿酸度を測ってもらいにいく。持病の痛風(ガウト)のためである。

ツーフーとチューブと間違えられて、とうとうあいつも脳出血でたおれたのか——と、ある時は町で友だちに会ってケゲンな顔をされたことがあるが、風が吹いても痛いというのがキング・ガウトすなわち痛風病である。戦前もあったのだろうが、医者が知らなかったのだろう。いずれにしても戦後ようやく脚光を浴びた新病である。病気の中でキングがつくのはこれ一つというので、少々痛くてもがまんしていたが、最近の新聞はタスマニアの土人が大半これにかかっているという。いうなればタスマニアは王国という次第だ。

やれレバー類が悪いとか、ゼラチン類のプリン体がその原因とか、食生活の方に相当の掣肘(せいちゅう)を加えられてきたが、どうもそればかりでもなさそうである。頭の使いすぎというか精神疲労も大きにその原因となるようで、つまり私が知能労働をしている証拠でもある?!

ところが、これは私の新学説であるが、数年前ヨーロッパ旅行の折りスイスを訪れたが、全く絵のようなスイスに感嘆して、ここは世界の楽園ですねと、日ス混血の通訳さんに話したところ、とんでもないスイスは案外病人が多いんですという。なかでも神経痛がその首位を占めている、歩きながらよく気をつけてごらん、ステッキをもったヨボヨボにうんと会いますと。なるほどそのとおりであったが、この病因にアルプスのフェーン現象があげられる。この話をフト思い出してのことだが、フェーン現象で新聞が火事を伝える時など私の足もどうやら痛むかに覚えるのである。

フェーン現象と痛風、つまり気圧変化が身体に及ぼす現象をヒマがあったら究明して学位をとりたいとも考えたが、そのために頭を使ってなおのこと痛むのではとあきらめた。

世に〝一病息災〟ということばがあるとおり、一つぐらい病気がないと人間なかなかおのれを大事にせぬものであるなれば、痛風もまたよきかなか。

宴会にて

宴会ばやりの日本だが、宴会にもつましいが心あたたまる宴会とか、なんともサクバクとして散まんな会や、札ビラが宙を舞っているだけのものや多種多様である。

近年は夫人同伴が多く、あの名士の奥さんがこんな方だったのか——とか、この人にしてなるほどこの夫人とか、これではダンナがかわいそうだと思われんばかりのガラッパチおばさんとかいろいろの奥方にお目にかかる。

なかでもご主人に紹介を受けたときに——

「これ家内です」

「あら森繁さんですか。テレビで拝見するよりお若いわね」

ぐらいまではいいが、ちょっと話に興がのってくると一等の主人をつかまえてなれなれしく

「どこで飲んで帰ってくるのか全くしようがないのよ。ちょっと！　あなた！　あたしゃヤキトリたべたいわ。とってきてよ」

自分の亭主だから、どうおっしゃろうと勝手だが、社会的にもりっぱな地位の人を公の場で家庭の延長みたいに扱っておられる夫人ほどハタに不快な思いをさせるものはない。ダンナさんがきのどくで、いっそ別れちゃえばいいのに——とおせっかいにも思う。

それに比べて、つくりは地味だが、しかもどことなくイナカのにおいさえある奥様だが、ご主人を

りっぱにたてておいでになるふるまいやことばづかいに接すると、心あたたまるものである。

男は世の荒波でいろいろとみがかれていく。家の中にいる女はその点がきのどくといえばきのどくだが、突如ミンクを買ってもらって、何十万のお衣装にのせ、美容院でキンキラキンの髪の毛にしてもらうと、人間の芯にあやしいカゲでもさすのであろうか。

とかく、近年、名流婦人が急ピッチで製造され、何々会、何々会と世間に出る機会が多くなったが、婦人はただ強くなったのをいい気に、今も美徳として残るつましさを反比例で忘れてゆくようだ。

毛糸と歯車

春は女で恋である。何も人間だけに限ったことでないのだからこれこそ自然の理でこれにさからうバカもない。薄くれないの花びらにあでやかなセクシーがやどり、風にふかれてそのかおりに女ごころが乗ってくる。

男女の美しさ——しかしこれも季節でいうなら春だけでいわば初心の美しさというか。ものごとすべてその初めはすなおでいい。みにくいものがないのか、あってもどこかにかくされているのか、花に迷うてゴツイ幹、枝の節々が見えにくいのかも知れぬ。いずれにしても春はおぼろで切なくて——は間違いない。

数年もたたぬうちにこれが三角目をしてお互いに譲りあわなくなり、中には腕力やツメにモノいわせるかと思うと何とも人間とはやり切れない生きものだ。

ひょっとこんなことを考えて見た。女は四十八、男は四十七という一つだけ数の違う歯車に夫婦をたとえて見る。これが一回転するうちにどこかで一度歯車に無理が来て、山と山とがぶつかり合って回らなくなる――というわけだ。

男には、千軍をシッタするお山の大将的気分のときと、三歳の童児のように甘ったれたいときと、大別して二つの気持ちがあるが、女にも、家事一般まかしておけと切り回す女大将（かかあ天下）的瞬間と、だんなが奥さんのヒザにもたれて耳アカをとってもらうのを逆にしたようにめちゃくちゃに甘ったれてダッコしてもらいたいときがあるらしい。ところがどうかして男もいばり女もいばる、つまり双方、山と山とがぶつかり合うときがあり、そのときは歯車がかみ合わなくて火花が散る。これが典型的夫婦ゲンカで、どうなるかと手に汗をにぎらせながらすぐにどちらかが「ごめんね」「よしよし」で山と谷がかみ合う。今度は力があまっているので、あとの回転は小気味のいいこと。イヌも食ってはならぬ理由がここに存するわけだ。

花の春から、もう何十年、晩秋、こがらしの二十年、三十年選手にもう一ついうなら、夫婦とはカゴの中に二色の毛糸をほどいているようなもんである。

つまり、そっと、いかにもそっと毎日を上へ上へ積み重ねていかないと、ちょっとしたことでもつれる。きのう、きょうのもつれならまだ解きようもあるが、昔のことを、つまり毛糸の下の方を「あのときのことを忘れやしません！」と奥さんが引っぱれば、だんなもカンシャクを起こしてところかまわず引っぱり出す。力を入れれば入れるほど、こんがらかってもうめちゃめちゃだ。ハサミでどこかプッツンプッツンと切らなけりゃおさまりはつかない。

よい年をとるとは、そっと積み重ね、二人が同じようにそっとたぐりよせることだ。昔のことが糸をたぐるように思い出されてここに絶妙の楽しい夫婦の心境があるという次第。

花の季節に結ばれるたくさんの若いカップルに〝歯車〟と〝毛糸〟のお話を贈ったつもりだが、馬耳東風の顔が見える。が、まあ見とれ、いまにわかるぞ。このガンチクある初老のくりごとが――。

何割が健康人？

春の風が、右往左往する人の波の中をせめてスモッグだけでもけちらしてやろうと吹き荒れている。風はいやだが向こうの空がパステルブルーに美しい。

春の風は一番から二十九番まで吹くという。ついこの間、ああ、これが春一番だなと思っていたが、あれからもう十何番かが吹いたに違いない。庭のビャクレンがゆるみ始めている。風はまったくいやだが、昔の人の話では、この春の風で樹々はゆすられ、冬を守った堅いツボミの表皮がゆるむのだそうな。そんな助けになっているとはつゆしらなかったが、なるほど、そういわれてみれば、春の女王といわれるビャクレンにしろ、コブシにしろ、あの薄いやわらかな花びらだけでは、さぞや開花の苦しみは多かろう。

春は一面の花ににぎわうが、問題は人間の方も冬ごもりしていた体のどこかのムシどもが眠りをさまして、花見に浮かれる季節だ。

最近ふと、道を歩く人、電車に乗っている人をじっとみながら、この中の何人が完全健康人かと思い始めた。

日本人口の中で、どこも痛くない、走ってだいじょうぶ、泳いでだいじょうぶ、よく眠り、よく食い、なんでもうまいと不平不満がなく、徹夜をしてもさほどくたびれもしないで、ちょっと眠ればすぐに取り返す。飲んで健康なションをし、食ろうてここちよき脱プンをする。人の話をすなおに聞く余裕をもち、ときにはまたユーモアをとばして明るい。人が情けない声を出して足腰をさすってもらっても、医者はおろか、アンマをとった経験がない。決しておこらずなんともかわいいヱミをたたえて、それがガッシリした肉体の上で軽やかに人生をおう歌する——そんな人間がはたして一億の中で何割いるだろうと思ってながめた。

私の関係するヨット・ハーバーに多勢の外国人がくるが、彼らを特別ひいき目にみるわけではないが、その健康さにときどきみほれることがある。とくにアメリカ人にそれがみえることが多い。

明治から大正、そして昭和前期の大日本帝国庶民は、この健康からはほど遠いところにいたのではなかろうか。戦後、精神の自由をいくらか得て、ようやく健康の最低辺に到達した感じだが、まだまだのようだ。

健康なからだに健康な精神が宿ることには間違いないが、このスモッグの中でやたらと人にあい、やたらと話し、やたらとつかれる交通機関に身を託して、はたして健康がたもてるか。昔の人がおとっていたとはいえ、これ程のストレスは経験しなかったろう。

花の命は短くてというが、人間の命も短くて……だ。ならばせめてその短い命のある間だけを、なんとか完全健康に送らせせる手はないものかと風の中でしきりと思ったのである。

日本語でいえ！

いつか、看板に埋まった東京の一角を写真にとって〝サテこれはどこの国でしょう〟というなぞなぞでも出したらどうだろう――というようなことを書いたが、いまや軒なみのうすぎたない看板は、日本語を日本の字で書いたものは数％しかない。しかもその数％のうちわけもカタカナが七〇％、漢字二〇％、ひらがな一〇％というありさまである。

なにも紀元節を二月十一日にしろというふうの愛国者じゃないが、日本人のコンプレックスにはいいようのない腹が立つ。どこの国民でもない正真正銘の日本の土の上に生まれた日本人だ。ならばもう少しこの国土をかわいがったらどんなもんだろう。かわいがるということは愛情を持つことだろう。愛情を持つ以上は当然そこに誇りがあってしかるべきではあるまいか。

最近テレビのコマーシャルに出るようになってから、他のコマーシャルを参考に見るようにつとめているが、どういう神経であんなことをするのか解釈に苦しむものを散見する。

そのよい例が、最も日本人的な、たとえばまんじゅうとかコンニャクみたいなものに（ズバリといいたいが気が弱いので）目の青い外人のオッサンが現われて「ウオイシイ　ウオイシイノマンデュウディエゴサイノマス」式な宣伝には恐れ入ってしまう。かと思えば、レッゴー・デパート、カムオンマーケーットの英語の呼びかけだ。だれに来てほしいのか、このウスバカやろう、日本語でいえ！　と叫びたくなる。実はそうおこらせることがネライかもしれぬが、英字を書けば上等に見え、英語で話せばりこうに見えたは明治大正二代で十分だ。

それにしても思い出すのが、昔、満洲でアナウンサーのころ、蒙古へ取材に行って驚いたことであった。草原を何日も何日も走ると突然、土まんじゅうの家が百個ばかり並ぶ小さな部落に到着するが、その部落の入口でまず襲われるのはどうもうな蒙古犬の群れである。すると先達の蒙古人が客人だイヌを払えイヌを払えと叫ぶ。これが〝こんにちは〟という蒙古のあいさつであるが、そのイヌの声を聞きつけて子供たちが珍しい遠来の客を見んものと小さな道に一杯むらがって来る。

その子供らが、なんと馬上の私たちを見て「コンニチワ　ヨクイラッシャイマシタ」ときれいな日本語を口々に叫ぶのである。もちろん、その村の小学校で習ったものに違いないがそのとき、付きそった軍の親玉が国の言葉が浸透しとるところは国力がそこまではいっとる一番の証拠ですとうそぶいたことである。敗戦の国土の中に、英語というか、米語というかが、かくまではいりこむのは当然かもしれぬが、さみしい限りだ。

ともあれ日本人が見て、ヒクッになるようなあやしげなテレビ・コマーシャルは先端をゆくユニークなフォームとはうなずけない。

孫に思うこと

孫を見ているとまったくあきない。こんなにも人間ができ上がってゆく過程がおもしろいものとは知らなかった。

オギャーと叫ぶだけの生きもの、つまり人間としては未完のいわば無人格体みたいなものが、ウウとか、エエとか、オウとかいって手をさしのべ、首をふって要求をしめしはじめる。やがて自己の所有物を確認し、とられまいとし、あるいはこれをわかちあたえ、物をしゃべるという、いわば生存力を増すにしたがって欲望や、願望や、失望や、敵意や、悲嘆やいろんな目にあうのである。

こういう三つ子の魂という大切なときに、おとながそのそばにいて、これがまた実に無責任な姿勢で成長を手伝うのである。いや、おとなだけでない年上の兄弟たちから近所の同輩がよってたかって、つまりおもしろがって、半分パンを取り上げて泣かせたり、行きたい気持ちをへたくそな歌とダッコでごまかしたり、理由もなく頭をひっぱたいて泣かせたり、しかも、なんで泣いているのかも考えずアメを一個与えることで、その目的を踏みにじり、不快不満をゴリガンで解消させたりする。こんな中でやがてでき上がろうとしている性格がいびつにかたまらない方が不思議というものである。

政治家のカラいばり
お役人の不親切
根性の悪い店の主人
役者のみえっぱり
グレン隊の暴力
ドライバーのひき逃げ
未成年の性犯罪　ＥＴＣ……
数え上げれば切りがないが、思いやりや、美しい友情や、あたたかい両親への心づかいや命の尊さのようなものが、心の中にキラキラと光っている人間もあるかと思えば、ケチな男や、意地の悪い友だちや、めめしい考えをひめてまっすぐに物を考えられない人間に出っくわすと、幼児の日の環境が見えてむしろ悲惨だ。これは金持ちとか貧しいという条件より、フニャフニャの赤ん坊がヨチヨチ歩きを始め、ことばを話し始める——その大事な時期に親や兄弟が、なんの指針もなく、自己の感情のおもむくままにだらしない育て方をしたことが大きな原因と見えるようだ。

こんなことは洋の東西を問わず賢者が幼児の育て方についてたくさんの良書を出してくれているので、いまさらいうまでもないことだが、よく見ると幼稚園にゆく前の今の日本の幼児たちはまったく野生の動物より悪い状態で放し飼いにされていると見て過言ではあるまい。

○

役者をこの年までやった私が、孫とあそびながらやっと見つけた大きな発見は、役者の役者以前の人格についてである。

姿を、心を、四方八方にさらすこの商売に何かしら恐ろしいものを感じて出直しがきくものならばと、そのことばかり心にかかるこのごろ——どうやらその答えが見えた様な気がしたのである。

便所掃除に幸あれ

最近めったに訪れる機会のなかった駅の公衆便所へ、ついこの間飛び込んだ。ちょうど中年の駅員君がお掃除の真っ最中であった。「ごくろうさんですね」と思わず声をかけたが「いや、もうこんな商売はやめたいと思いますよ。どうしてここへタバコすてやがるのか、つまって流れやしねえ」「そうなると大変でしょう」「きたないところだけに、気をつかってもらいてえんだよ。だれもこんなこと好きでやってるわけじゃねえんだ」さすがに手伝いかねたが、彼はわたしの顔など見ないで、ただひたすら下を向いて針金でつついている。まったく心ないグマイな民衆に腹が立った。そしたら、この人も「まだまだ日本人はだめだ。電車に乗るのも早すぎるくらいだ。わらじはいて野グソたれて歩いてる民族だよ」となかなか手きびしい。

過日、わたしが出演しているラジオで放送させてもらった国鉄詩人賞をとられた濱口國雄さんの「便所掃除」の詩をどうしてもここに転載させていただきたい。

便所掃除　　　　濱口國雄

扉をあけます。
頭のしんまでくさくなります。
まともに見ることができません。
神経までしびれる悲しいよごしかたです。
澄んだ夜明けの空気もくさくします。
掃除がいっぺんにいやになります。
むかつくようなババ糞がかけてあります。

どうして落着いてくれないのでしょう。
けつの穴でも曲っているのでしょう。
それともよっぽどあわてものでしょう。
おこったところで美しくなりません。
美しくするのが僕の務です。
美しい世の中も、こんな所から出発するのでしょう。

くちびるを噛みしめ戸のさんに足をかけます。
静かに水を流します。
ババ糞におそるおそる箒をあてます。
ポトン　ポトン　便壺に落ちます。
ガス弾が鼻の頭で破裂したほど、
苦しい空気が発散します。
心臓、爪の先までくさくします。
落すたびに糞がはね上って弱ります。

かわいた糞はなかなかとれません。
たわしに砂をつけます。

手を突き入れて磨きます。
汚水が顔にかかります。
くちびるにもつきます。
そんなことかまっていられません。
ゴリゴリ美しくするのが目的です。
その手でエロ文、ぬりつけた糞も落とします。
大きな性器も落します。
朝風が壺から顔をなぜ上げます。
心も糞になれてきます。
水を流します。
心に、しみた臭みを流すほど、流します。

雑巾でふきます。

キンカクシのウラまで丁寧にふきます
社会悪をふきとる思いで、力いっぱいふきます。

もう一度水をかけます。

雑巾で仕上げをいたします。
クレゾール液をまきます。
白い乳液から新鮮な一瞬が流れます。
静かな、うれしい気持ちですわってみます。
朝の光が便器に反射します。
クレゾール液が糞壺の中から七色の光で照らします。

便所を美しくする娘は、美しい子供を生む、
といった母を思い出します。
僕は男です。
美しい妻に会えるかも知れません。

○

ああ濱口青年に幸あれ。

顔が語る

いよいよ選挙である。

つとにウトキは芸人である。が、どうやらこのあたりで無関心派もおみこしをあげてもらわねばならない。棄権はこの国に住みながら国民の資格をすてるようなもんだ。

さて、では投票ということになるが、映画をはじめ芸能関係から途方もない高税をまきあげてはいるが、その芸能にチッとでも心をいたしてやろうなどという代議士は、ひとりも見当たらない。彼らにかかると役者は宣伝の道具であり、ヘタをすりゃホステスの延長ぐらいに考えているのがいないとは申せぬ。

本も読まない、映画も芝居も見ない、ましてや絵も彫刻も程遠い——いわば文化のかけらもないひたすら利権の鬼と見える政治家すらある。

そんなことをいってもはじまらない。私どもも貴重な一票をやがて投じなければならないのだ。しかし、昼夜の別なき商売では立ち会い演説も聞きにゆけぬし、テレビも折よくその時間に在宅とはいかない。ただわずかに、新聞の宣伝文とご本人の写真と、街頭を流れゆく声とこれをいたずらにモチ上げる応援の叫び声と、つじのポスターぐらいである。これでは人間の本質などつかみようがない。

さて、そこでふと考えついたことだが、候補者の写真判定である。私ども役者はいろいろな役にふんするので、自然、人間の顔に興味があり、その表情や骨相やニュアンスで、その人間の性格やらクセや意思を察知する習慣がある。これをひとつ利用して人物見たてをやってみるとなかなかおもしろい。顔でだまされることもあるが、まず人柄は「顔」が語る。当たっているかいないとかは別として何かひとつぐらいメドがつかめそうな気がするのである。じっとよく見ていると、リコウそうな顔でも腹黒かったり、二枚目だが力がなさそうだったり、学があるかに見えるがひとくせの仁であったり

——新聞をひらいて並んでいる諸候補とにらめっこして見るのもひとつの手ではないか。いばった顔をしているのがいる。これなんかいくら低姿勢でおじぎをしても当選してからガラリと変ぼうする男、内容カラッポただの欲張り風もあったり、スットンキョウな顔をしているがどこか誠実が見えたり、馬力があるようだが不潔な風ぼう。独断専行型、非協調型、テラテラの助平おやじ、必要以上にコビを売った笑い、不敵な笑い、どうもこう見渡すとまじめな公僕なんて顔がなかなか見当たらない。

写真判定に興味をおぼえて紙面をくるほどにハタとまいった。ヒゲを生やしたいや味ったらしいHな顔にぶつかった。それは私の顔だった。あんまり人のことばかりいえんわい——と思ったとたんにクシャミが三つほど出た。

ガリガリの教育者

大みそかの「行く年来る年」をすませて、控え室で着替えをしていたら、つづいて、日本とアメリカ、イギリス、パリを結ぶテレビが始まった。じっと見ているうちに、五十三歳の私はこみ上げるほどの感激をじょじょに身うちに感じて人の顔をさけたほどであった。

理由などなんでもない。私どもの少年時代は正月とてどこの正月も知らないわが家のまわりのハタ、タコ、コマで終わったのが、ラジオができて、おどかされ、テレビができてまたびっくり、テルスターで地球全体が家の中へはいってきた。この時代の移り変わりのはげしさに、古い頭がふりまわされているのである。

世の中はあッというまに、はて知れぬ進み方をする。なんというありがたい世紀を私は生きているのかと、それが興奮のもとであったようだ。

私は孫の手をとって、タコをあげようとわが家の真向かいの学校にいった。東京都が経営する高校という。向こう三軒両隣の気安さではあったが守衛のおじさんに一応おことわりした。

「タコをあげたいんですが運動場へはいっていいですか」

「よくないよ」

「いけないんですか」

「だめだね」

「お宅どこ」

「前の森繁ですが……」

「へーん……だれでもだめだね」

「じゃしかたがないな、ボク帰ろう」

「あの人意地悪じいさんなんだね」と孫がいった。

私は十年程前も、この学校で砂をかむ思いをした。私が撮影所へ通うためにモーターバイクを買った日、よろこんだ子供たちと私は練習しようと思ってこの学校にきた。まず危険がないし、ここそは唯一のだれもいない大きな広場だから。すでに暮色の校庭にはだれ一人いなかったので、私はキラキラ光る真新しいエンジンをブーとふかし初のりをした。そのとたん、シンとした校庭におそろしい大声がひびいた。屋根の上あたりのスピーカーからである。

「そこでオートバイにのっている人、出て行って！」

実は教頭の声であったが、教育者のセリフとはほど遠いバ声を浴びてソウコウとして私と子供は引きあげた。こりもせずここへきたのが悪かったが、大きな校庭を横目でにらみつつ危険をおかしてタコを道であげねばならなかった。

「ご近所のお子供たち、お正月のタコあげは危険ですから、おとうさんたちと校庭であそびなさい」もうこんな気のきいた校長はいないらしい。古い古い、ゴチゴチ、ガリガリの教育者の群れ。世界の子供たちがやがて人間が作った星で結ばれ、新しい世紀をひらいていこうという世の中に、この向かいの学校の教室ではどんな人間が先生という肩書きで、次代の子供を導いているのか——。

私と孫のタコはまもなく電線にひっかかった。

糸切って飛べよ雲間へ奴凧

悪意ある〝バイキン〟

世の中は恐ろしい。まさに人の心も末期的だ。

〝ある〟ことについて（後にお話ししますが）〝いつものデンだ、バカバカしい〟と一笑にふして、いままで、なんの弁解もしなかったら、とある雑誌をみせられてびっくりした。いや、びっくりしたというより吐きけをもよおした。まったく水虫のカビみたいなもんで、ちょっと忘れてほうっておくと、空気の流通せぬのをいいことに、そのへん一帯をただれさすのである。これから察しても、あるいは、中にガンのビールスみたいな悪性なのもいて命取りになることもあろうかと思われ、早期発見治療の要をヒシヒシ感じさせられた。

秋の新橋演舞場公演の際、初日をひかえてうれしい悲鳴をあげたことがある。初日から十何日が売り切れて、昼夜とも全館貸し切り団体という話である。私たちは、正直大喜びで感謝した。が、実は劇団にも五年の間についた大事なお客さんがいっぱいあり、その方たちからひんぱんな問い合わせや、なぜ一日ぐらい一般公開の日を持たぬか……などで、おしかりもいただいて困ったことがある。そのとき、すでに売れているものはそれとして、できうれば、その後の土、日の全館貸し切りは考慮してほしいことを劇場に、劇団の制作者を通じて申し入れたことである。

もうひとつ、初日は時間やいろいろのつごうで、かえって迷惑をかけるから団体を取らないよう、これも前々におねがいしたことがあるが〝うれしい悲鳴〟がいつの間にか〝団体に売ってキップがないとカンカンになって森繁がおこる〟と内容がスリ変わっているのである。そして某紙に「ことし最低の放言をしたうぬぼれ森繁メ!」とまことしやかにでたのである。

キップが売り切れて、どこにおこるバカがいるか——とあのときは一笑にふしていたが、このシッッコサにはまいった。おりあらば、すきあらば、倒そうと殺気すらはらんだいいぐさはなにを意味するのか。針小棒大ならまだしも意味をさかさまにねつ造して、あれこれあげつらい、けとばそうとするにいたっては、ガマンも限界を越そうというものである。

まあ、こんな話はこれくらいでいいのだが、許しがたいことがツギツギに発生して、俳優仲間も泣かされている事実があまりに多い。いわばチンピラやくざが「あいつのカッコいいのがシャクだ。顔切ってやれ」「そしたらお前売り出せるぜ」これと大差ない愚盲の挙だ。こんなことにまき込まれる人間こそいい災難だ。心ある人はこれを信じはしまいが、まことしやかにそれをそうかと流布するものもないとはいえぬ。

私も人間だ。他人には見せぬ場所もある。その、人に見せぬ恥部をひんめくって大きなアザやデキモノがあったと大喜びし、鬼の首でもとったように大言流言ヒゴしてなんのカンバセがあろう。そういう君ですら、そうされればどんな気がする。これはタムシのカビやガンのビールス的行為と思ったはひが目か。

競争狂想時代

日本人の競争好きにもあきれることである。読んで字のごとく競って争うのである。先ごろ、幼稚園の運動会にちょっと顔を出したら、隣のご夫婦が夢中で「いま、紅組がちょっと勝っているそうです。いや、いいぞ、ウチのは紅組です。お宅も紅ですか?」と弁当もそこそこのハリキリようには恐れ入った。ふと、このオジサン、昼はゴルフ、夜はマージャンとそれこそ目の色をかえて、スポーツもレジャーも通りこした勝負のオニとなっているように想像した。

幼稚園入学が、すでに競争で、それ以後、席次から小中高の入学、そして、大学から就職と競争のあけくれに終わった、これが、そのかなしいならわしの残影かとご同情申しあげたが、このように日本中は、勝負ずきの日本人によっていまや争いのハンランである。

年末ともなれば、ＮＨＫの紅白歌合戦が最大の呼びものである。楽しかるべき年忘れのかくし芸大会であっていいものが、これもみにくい競争、闘争の場と変ぼうしている。ＮＨＫ自身は、そうは思っていなくても、あれでランクが決まるのでは、歌で生きているこれからの人たちには笑いごとでない。視聴者の中には若者もあれば、老人もいる。私はそのコタツから出にくい老人のほうを楽しませてあげられればと、若い人にまじって出ていたが、あの会場のふんい気はどうして年忘れなどのんきなものではなかった。泣いて笑ってそねんですねる一年の終わりである。

このへんで歌手の来年度就職試験みたいなのをやめて趣きをちょっと変えて見たらどうだろう。たとえば田中角栄さんのナニワ節、佐々木社会党委員長の東北民謡、総理の大魔術、国税庁長官と滞納していそうな女優さんとのイキの合った小唄まい……なんでもいい、きのうの敵はきょうの友じゃないが呉越同舟して一日人間らしい人間に立ちもどって年を送る。そんなことが大みそかの座興であろう。

目にかどをたてて、紅白に分かれ、得点を競いあうなんて愚の骨頂だ。しかも、それに選ばれるかどうかで来年の収入が大幅に変わるというにいたっては、弊害こそあれ、出場者不出場者諸君ともに由々しき問題である。なればこそ、ＮＨＫの選抜担当氏も痛くもないハラまでさぐられるという砂をかむ思いをしなけりゃならぬ。

そういう私もそんななかにまじっていたわけだが、昨年はつくづくそう感じてご辞退したところ、いまさら困るというので、歌手ならぬ年よりが若い人たちにまじってごきげんを取り結んでいた。が、生活芸能競争ともあれば、いさぎよく、席をそれにかける若者にゆずるべきだと決心した。ところがことしは、あいさつもなしに、戦列からヌイてあった。もともと、いらんものであったらしい。

人を「競争」にあおりたてて、うまくゆくのはオリンピックぐらいで、他のことは一将功成って万骨――とまでゆかなくとも、十骨や二十骨は枯れること間違いなしである。

有名善用

スモッグの東京も師走のカラッ風で、どうかすると、きれいに晴れ上がる。

そんな日曜日、わたしたち有志の俳優が竹芝桟橋に十時に集まった。恒例の〝施設〟の子供たちとともにする〝船上クリスマス〟の一日である。これも東海汽船の好意で六年間つづいた。昼間とはいいながら一日一隻の客船を無条件で提供するというのもなかなかできることではない。関東一円から集まって来た子供たちは、ことしはちょっとすくなく二百五十人。そしてその中にはじめて身障児(歩行困難の)をふくめた。なかには初めて見る港、船、海がうれしくて、六歩、歩きましたと母親が涙を流して喜んだ子供もいた。

一日を里親や里兄、里姉になる俳優諸君も、初めはあまり感激もなく、みんなで板につかないまま全員を船に乗せたり、お菓子をくばったり、モチつきの実演をやったりしていたのだが、そのうち船が沖あいにさしかかり、いよいよ船室にあつまって、遊戯をしてあそび始めるころから、少しずつ胸のどこかにキーンキーンと何かひびいてくるようだった。

かわいい童顔を見ながら、涙をふきふき控えの船室にかけこんで来ては「どうしてあんないい子を、捨てていったのかしら」など訴える者も出てきた。そして船が帰り着くころには、みんなの顔の相が天使のように美しくなっているのに気がついた。

これらの施設の園長さんは、きまってこんな話をしてくれる。

「どうしてもこの子供たちの心のどこかには、わたしたちは社会の厄介者だとか、吹きだまりの木の葉みたいなもんだというヒガミがつきまといます。それを取りのぞくのに一番神経をつかうんです。それが、こういうこころみのあと、子供の作文を読むと、あきらかに変わっているんですね。そんなジメジメした気持ちが急に誇りっぽいものになっているのに驚きます。それは簡単にいうとつまりスターさんたちは一番自分たちから遠いところの人間だと思っていたのが、突然目の前に来ていっしょに船に乗って半日あそぶ。そしておねえさん、おにいさん、おかあさん、おとうさんになってくれて、話もできたし、歌もうたった。この人たちが僕を知ってくれた――この喜びがまずたいへんなもので、ここから自信みたいなものがふと生まれるんですね。僕は見捨てられてる天涯のみなし子じゃないんだ！　この意識は、私たちがこの子供たちを育ててゆく上に大きな骨になるものなんです」

この話が、若い俳優さんたちの魂を深くゆさぶったに違いない。私が口ぐせみたいにいってきた〝有名善用〟も、実はこんなところに意外な発芽をするわけで、せっかく世間からいただいた〝有名〟である。いい意味でフルに活用してお役にたて、これをおかえしする義務もあろう。

有名なるがために、いろんなことをいわれるが、有名なるがためにできる大事なアウトサイドの仕事もさがせばまだまだあるだろう。

第二章　わたしの自由席

一

はじめに

貴様、それでもキンタマがあるのか！

大喝一声、明治の人間は腹を切った。大正の人間は不がいないと慟哭した。昭和戦前は〝すみません、やりなおします〟と切歯扼腕くらいなことはあった。戦後の昭和は〝ハイキンタマありますよ〟とうそぶいた。

お前はそれでも、女か！　とどなれば、明治の女はどうしたか知らんが、大正の女は〝申しわけありません〟とうっぷして、素直に心を立てなおした。いまの女は〝こんな女で悪けりゃ別れな〟とせせら笑う。

私は、大正の初期に生まれた健在なキンタマをもって今日に及んだ。私は、いとしいこの玉をとおして、今日から一文を草し、読者の前に、老いの身も心もさらしたいと期するのである。

故に、面白かろうが面白くなかろうが、これはあくまで私の年輪の息であり、ゲロであり、クソであり、生んだ卵であり、精子なきザーメンであるかも知れぬ。
いずれにしても六十年のたわごと、耳をかたむける人には、茶をたて、菓子をそえて感謝したい。

アユ

鮎釣りの雨をさそうか雲ひくく

若アユ躍るといい、若アユのような指といい、解禁のころのアユは最上である。落ちアユや子持ちは、アユとは別の魚のようだ。

今ごろは、昔、ロケで伊豆へよく行った。食ぜんをにぎわすものは新鮮な狩野川のアユである。頭からハラワタまでガブリとかぶる、あの小骨と苦みが耐えられぬ初夏の香りである。

ジャリ！　とハラワタの砂をかんで、おかみに「砂があるな」といったら、あやまりもしないで「あしたはロケはお休みですね」という。「なんで？」「雨ですよ」アユの腹の砂が雨につながる面白さに目をみはった。

アユは、雨が降って水かさの増すことを知っていて、そんな時は流されぬよう〝自重〟を重くするために砂をのむという——山の宿のおかみの話が私を旅愁の中につつんだ。

今日も銀座でアユをくったが、なぜか銀座のアユは、そらぞらしい味だった。

モーテル

自然の景観もクソもあるもんか。こんなところに、と思う場所に怪しくネオンが点滅するモーテルの氾濫(はんらん)は、どういうことか。昔のように〝それはイロ街で〟と決っておれば、こうまで、ところかまわずはなかったろう。

一度、行って見たい――と思う程の設備が、何万円の特別室などにはあるそうな。

テレビ録画装置、振動回転円型ベッド、浴池にすべりこむスベリ台(どうするものか?)、天井、壁面皆鏡で近眼の男がブッツケて、鏡で怪我をし、救急車で運ばれたという、客観的観覧施設、ETC。

或る日、外人の子連れ夫婦が、アメリカのモーテルと間違えて泊りこんだという。

驚いたのは夫婦で――、喜んだのは子供達だった。あまりの楽しさにディズニーランドと間違え、ハシャいで寝なかったという。翌日、外人の旦那は「ありがと。こんな楽しいホテルありません。子供喜びました。また来ます、よろしくね」と、チップをはずんで帰ったという。

ところが、これは又、釣りの好きな私の友達が子供と二人で、大雨に弱りはて、モーテルに一夜の宿を乞うたが、子供づれはお断りですと、にべもなく断わられたという。

多分、あの人相では――彼は仇役が専門な人だが、誘拐魔とカンぐられたのだろう。可哀いそうに。

誘拐魔的社長達が、一杯泊ってるのに――。
正月には、晴着の女客の為に着付師がチャンといた処が繁昌した――には驚いた。

帽子

ベレー帽をかぶっているのは、概ねヨーロッパではオカマ氏である――と聞いた。日本ではどうだろう。一寸バタ臭い男で、些かキザで金も力もなさそうな軟弱、大正組に、残念乍ら多い。

日本の赤ん坊は、天井向かせて寝かしっぱなしで、頭の格好は、絶壁型が多く、ために帽子が似合わない。似合うというより、かぶれない。ナポレオンみたいに横に被るとぴったりなのがいる。

インド人のことを、褌で、シルクハットを着た人種――と評した言葉があるが、貧富の差の甚しきを指すのか。シルクハットといえば、我国でロールスロイスというハイクラスの高級車に乗っている人を見かけるが、シルクハットの似合う人は殆んどない。あっても心にシルクハットは無い。

早稲田の角帽は、昔、チューインガムと仇名された。ガムのマーク、リグレーから来たのだろうが、あれをかぶって、絣の着流しで、吉原へ行ったバカ面の男がうんといた。恥ずかしい。

帽子だけは誰がかぶっても似合うというもんではない。映画を見た帰りアラン・ドロンの帽子を見て俺も一ツ――と似たのを買って、その晩バーに忘れて……まずはやめておくべきだ。

古来、チョンマゲ民族、カブリモノは不似合なのだ。ヨンドかぶりたかったら、鞍馬天狗の白頭巾、何とかの紫頭巾。それにもまして万人似合うのが、ほおかむり、これなら間違いない。

流行

うちのバアさんは、定評のある旅行好きで、世界各地からカワラのかけっぱしみたいなものを拾い集めて我家に飾っている。こんなものが考古学か好古学か知らんが、どこが面白いといいたいほどのものである。植木バチの底に入れてあるような〝かけら〟に何の値打ちがあるのか――。あたらずさわらず、ついでに聞かずにしてある。

ある夜、うちへ酔眼とともに帰ったら、グラスの大ロビンに、五十年前のアルコールづけの胎盤みたいなものがおいてある。おいてあるだけならいいが、それをスプーンでいじくっている妻にギョッとして、いよいよ頭へきたかとりつ然! 別居を考えた。

だれから、どこで聞いて持ちこんだか、今や流行の紅茶キノコである。胎盤をおしのけて一杯二杯くみあげられた――昔、東大病院で見せてもらった高橋お伝の〝アソコ〟のアルコールづけみたいな、すえた一口を目をつむって飲んだ。

どういうわけか、あれから酒量が減った。というより酒がもうひとつおいしくない。これは陰謀か。

人よ人をそそるな

有名になりたい――という気持ちと、そっとしといてくれという気持ちは、裏表に同居している。

これを正しくいうなら、なんとか世に出たいと切磋琢磨している人間と、何とか世に出してやりたいというファンの心理とが、実は全然別な、つまり水と油なのに同じ方に流れてるようなものである。コツコツ、地味にやっていきたいと、本人は思っているのに、はたは、早く早くそれ急げと本人を無視して叫ぶ。やり切れんのは本人だ。

人を愛するのもいいが、ほどほどにしなさいな。ほんとうに好きなら、遠いところから祈るのが一番だ。どんなに本人が楽か。

今に見ろ――と貴ノ花は思っている、いや思っていただろうが、いまや、まわりの声につぶされて、ふりまわされ、人間喪失の憂き目にあっているようなものだ。

お宅の受験坊主も、貴ノ花に近いのじゃないか。

接触

接触＝さわること、ふれること、に違いないが、近ごろは思わぬところで思わぬ言葉のつかい方にぶつかる。

ポン・ピン・パン氏は、パリにおいて、プン・ペン・パン氏と接触した模様という。どう接触するのか。手でも握ったか、だきあったか、くわしいことはわからないが、ともかくあって話しあったことをさすのだろう。

昔、米国の首脳が中国の首脳とワルシャワで接触したと報じられたころ、この接触の文字を新聞に見た記憶があるが、もっと前からあったのか私は知らない。ただ、これが個人の場合になると、ぐっとおもむきをかえて、いささか血ばしった空気が流れるから妙である。

女房族のアンテナでキャッチされた情報が「どうやら昨夜か、一昨夜、銀座の某酒場の女・Sは、当方亭主Hと、代々木近辺で接触した模様。やがて詳細は、刻々と明るみに出るであろう」この辺まではまだいいとして、二、三年前、旅行先で接触したらしい結果が、手をひかれて門前に立ったでは、ごめんなさいですまんのである。

姉弟の死

五十一歳の姉と四十七歳の弟が、餓死して白骨となっていたという。

奇怪にして、かつ、悲劇だ。昔、といっても戦後、配給物だけ食って栄養失調で亡くなられた裁判官がおられたが、それとこれとは話がだいぶ違う。

死人にムチ打つ気持ちはさらにないが、腹がへったら働きゃいいじゃないか——自己のよりどころは自己のみである。他にいかなるよりどころがあろうか――と仏陀(ブッダ)もいう。

うえた姉は、うえた弟に、何を最後に話しかけたのだろう。

「あんただけでも働いて生きてえナ」

「わいはもう、いやや、姉さんこそ、生きてなはれ」

「うちも、いやや」

「ほな、いっしょにたべんと死の」

ではあまりに情けない。悲劇といっても、人を悲しませるのでなくて、本人が悲しすぎる。

せめて「こんな値上がりで生きてられまっか、チイと本気で政治せえ」ぐらいな書き置きがほしかった――と思うのはコクか。

不景気

不景気の風が吹くと、芝居が入る――というが、東宝も芝居の方は去年よりいいそうだ。

家にいてもクシャクシャするから芝居でも見にゆこうか――というのと、遠出は金がかかるし芝居の方が安上がりでいいな、とかいろいろあるのだろう。

こんな時代は芝居も内容がむずかしい。せっかく劇場へきたら同じように深刻なもので「いい芝居らしいが、気がめいったなあ」では、いかんようだ。

人間というヤツは、何かことがあると〝笑おう〟としている動物だとつくづくさとるところがある。

衣食住にあまり影響のないことを口走って笑わす人がいるが、一見ムダと見えて、これほど気のきいた生き方をしているものはないと思うのである。おそらく他の動物の世界には見られない最高の姿勢であろう。

ところが、いまだに笑うことが蔑視(べっし)されている風がある。ユーモアのない政治も、組合も、会社も、下等だ。せっかくの不景気のチャンスに、ユーモアの勉強とシャレるのも悪くはあるまい。

馬

私は一頭の〝馬〟を持っている。

東京競馬も中山も、この馬が走らないかぎり行ったことがない。

つまりは、生き馬の目をぬくようなギャンブルにあまり執着がないからだ。妙な表現だが、孫の運動会を見にゆくのとどっこいどっこいだ。

さて、この競馬の馬だが、なんと毎年めまぐるしく新陳代謝することであろう。あっというまに名馬は影をひそめ、小むずかしい名前の馬が、人気のマトになる。

タレントの世界が、この競馬ウマにそっくりである。サッソウと現われ、一等をとり、賞金をかせいで、消えうせる。何とかなしい話ではないか。

でも、シンザンは覚えているが、タレントは忘れて名前も顔も出てこない。つまり、シンザンは馬券でもうけさしたから印象にあるが、損も得もないタレントは、声とともにブラウン管の彼方に消えたからだ。

テレビ

私のことを〝テレビタレント〟という。

ああ世の中は一回転したと思った。

昔は〝ラジオの声優〟といわれ、映画にでて〝映画俳優〟になり、芝居をやり〝役者〟になったつもりでいたが、忘れっぽい人にはもう昔の私なんかどうでもいいのだろう。

薬の広告に出てくる私しか知らないので、テレビタレントといったのかもしれない。そんなことはどうでもいいが、ぜひ読者の皆さんに告白しておきたいのは、テレビを見て、あまり感心などなさるな——ということだ。あんなもんはだれにでも出来るもんだ。ズブの素人で結構、こっちむいて、あっちむいて、そういって、こういって、ハイOKだ。別に特殊な人間が出ているのでもなければ、基礎やら訓練やら、そんなものはカケラもなくてよろしい。小学校卒業OK、中学卒なお結構。

そんな十五や十八やハタチの男や女に芸のあるはずもない。かわいきゃいいのだ。下手も上手も区別なんかないのがテレビのいいとこだ。

そう思って見てごらん、こんなアホクサイ、毒にも薬にもならん娯楽はありませんぞ。

気どりや

わたしゃ　気どりや
値段を聞かずに大損こいた

歯医者で　保険患者を尻目にかけた
歯医者も　おろかで　お先へどうぞ
いいのが出来た　早くも出来た
入歯はまずまず　口の中は春だ
値段を聞かされ　びっくらこいた
わたしゃ　気どりや　大損こいた

和製はダメねと女がいった
スコッチ最高　ナポレオンＯＫ
私も飲んだ
女どももガブガブ
飲むのがサービス　おさわりお断り

品よくゆきましょ
現金ＯＫ
値段を聞かされ　びっくらこいた

わたしゃ　気どりや
値段も聞かずに大損こいた

政治（まつりごと）

佐藤（栄作）さんが逝（ゆ）かれた。

私の好きな数少ない政治家の一人だ。政治力や政治思想は別として私も友誼（ゆうぎ）を得た。

だいたい政治というものはあまり上品なものと思えぬ。品など考えていたらだめになるのが実は政治かもしれぬ。政治家でも気品のある人はすこぶる少ない。たんとあっていないから私見となる恐れがあるが、中にはおよそ野蛮でズルそうで、変な殺気をふくんでいる人にもあう。カバのような力とキツネのようなコウカツさが同居しているような……。

野党に負けるな！　とすぐいう。野党も、ここで勝たねば面目がたたん――ようなことをいう。政治は勝ち負けか。

政治家のハチキレそうな影のうしろにつきまとうさびしさは何だろう。あれは人間の常に人間を敵とする性（さが）からくるものか。

人が人を動かすことはしょせん無理なのだ。

昔は、一人の号令で何万人が死んだこともあるが。

蓼（たで）

アユの話をしたのでついでに蓼の話も書いておこう。

蓼食う虫もすきずきの「たで」だが、アユ料理を飾るあの緑の葉をちょっとかんでごらん、何ともにがい葉ッパである。まったく何を好んでくうかというほどのものだが、実は薬草だそうである。

岐阜の有名なアユ料亭の女将（おかみ）の話では、蓼酢をつけますが、あんなものは当節のハヤリでうす緑がきれいだから、すりこんだまでのもの、アユは生酢（きず）でたべていただくのが一番、なかんずく塩焼きのままでたべていただければ、それにこしたことはございません、蓼をアユといっしょにたべましたのは昔の習慣で、生でアユ刺しなど川魚をたべましたおり、アタらぬように薬がわりにたべたのが最初と聞きましたという。いうなれば生活のチエであろう。アユのさし身もうまいし、雷魚の洗いなど絶品のものだが、沢蟹（さわがに）などとともにジストマ菌がいないとはいえない。はたして蓼がジストマを制するか、だれも知らん話だ。

しづけさにたたかふ蟹や蓼の花　波郷

四十雀（しじゅうから）

うちのバアさんが、スペインかどこかから買ってきた、口ぼその素焼きのビンが、軒近くにおいてある。

ある日、この口のあたりに、四十雀（しじゅうから）がきた。それはたしかに、私もバアさんもおぼえている。

いつかこの中に、四つの卵を産んだ。かわいい夫婦は春の日ざしの中を、なたね梅雨の中を、日がな一日せっせとえさを運びはじめた。

ついこの間、この口の上に、雨よけのビニールのおおいを作ってやった。それは深夜にである。深夜は鳥夫婦は休憩しているからである。どんなにか、中の子が見たかったががまんした。今朝も母さんが入ると、父さんが枝にきて虫をくわえて待っている。母さんが出ると父さんが入る。一時間に二十回は運ぶ。一生懸命運ぶ。

こんなにしてもらって、いつかこの子は飛び立つのだ。四十雀の子にも不良が出るのか聞いてみたい気持ちだった。

手

手は、不思議なものでいろいろと物語る。

昔、人の手にさわって、その発達個所や、出来てるマメ（肉刺）の状態で、何商売をやってるかをあてる名人がいたが、手はさほどに人生を物語るのである。

実は、そんな話より、手を見ればいっぺんにその人の年がわかるという話をしたかったのである。どんなに顔に厚化粧をしても、手を見りゃ十八の手と二十五歳の手と三十二の手はまるで違うのである。

外国ではこのことを恐れて、夜会に手袋をする習慣が出来たと邪推する。

女の手は小さいほど美人の象徴とされた。ところが男の手は大きいほど昔は信用されたのである。いまのヒッチハイク。嚢底（のうてい）使いはたして宿屋の前で一夜をこうと、おかみが「手を見せな」といったそうな。大きな手なら働きもの、実直、正直というのでタダでとめてくれたそうである。

森繁さん、あんたの薬の広告の手、よく見ると老人がにじみ出てますな――といわれて寒々とした腹いせに思いついた話だ。

英国

英国に十年もいた人と話をしたが、こんな話はしてくれなかった。

三年間、英国にいたラジオマンと話す機会があって、私は中学で習った大ウソを是正することが出来て、あまりのうれしさにお伝えする次第だ。

英国をイギリスといい、そこに住む人をイギリス人という。こんなでたらめはないそうだ。イングランド（イギリス）とウェールズとスコットランドと北アイルランドの四つの国が英国でG・B（グレイト・ブリテン）という。植民地をふくめて（女王が切手に出ているところ）U・K（ユナイテッド・キングダム）という。

この四つの国は、爆弾事件で大ゲンカしている国である。日本でも、スコットランド系の英国人に、あなたはイギリス人ですね――なんていってごらん。商談は初めからやりなおしである。

面白い話は、エジンバラ・イングランドでは手紙はゆかない。エジンバラはスコットランドにあるからだ。着いてもスコティシュが鼻をひんまげてポイと捨てるという。

エリザベス様のご苦労やひとしおと知った。

セリフ

セリフを覚えるのは大変でしょうな――とよく聞かれる。決して楽なものじゃないが、アレも慣れである。

近ごろは女流作家のテレビに出演が多い。女はおしゃべりを絵に書いたようにセリフが長い。でもなんとなく十分間ほどで覚えるクセもついている。

さて、そのセリフだが、演技論の大家スタニスラフスキー先生は、一度覚えて、忘れろ――という。覚えたものを忘れられるわけがないが、忘れたフリを心にしなさいということだろう。忘れる――次のセリフを知らないからこそ、エッ！　と驚き、アラといぶかしがるのだ。どうも近頃の役者さんと芝居をすると、全部先を知っている芝居だ。だから見てる方もつまらんのじゃないかと勘ぐるのである。

深夜二時、帰りの車で、女房へのいいわけセリフを考え、覚え、ガラリ戸をあけると、向こうのセリフが全然ちがうので、こっちはドギマギ。覚えたセリフはメッチャクチャ。これなど最高のドラマに違いない。

プラトニックラブ

中学の何年だったか。
プラトニックラブという字をおぼえた。
清く、美しく愛することと、ツメエリの英語教師は真顔でおしえた。
隣のチヨちゃんはひとつ下だ。
いつか私を見る目にただならぬ気配がある――と誤解した。
さわりたい。
キスしたい。
見たい。ＥＴＣ。
プラトニックなんかかけらもない。そして、そんなわが身を恥じた。

一日は長く、一年は短い。
またたくまに、私も老いた。
青葉の神社にひかれて、初めて境内をさまよった。
その私の前に、私より十以上も年上の老夫婦が目についた。
家からご持参の、紙につつんだパンくずを鳩にやっている。
やがて、二人は手を引いて森の中に消えた。
プラトニックラブを初めて見た。
あの年になるまでは無理なのだ。

歯

毎日何回となく自分の顔を見るのが商売であるわたしたち。おそらくサラリーマンの何十倍か対面せねば夜も日も明けぬ役者は、ブオトコに生まれたものはそれなりに、二枚目とてあきもしようそのツラにいささか以上の抵抗がある。

不思議なことに、あんまりしつこく見ている故か、ちょっとした得もある。そのひとつは年をとってゆく落差に気がつかないことである。

同窓会で友達と顔をあわすときに、何とまあじじいの、おいぼれよ、と丸ハゲや白髪を見てれんびんしきりのものがある。あいつらはときどきフロ場でギョッとするのではなかろうか。あまり並んで坐ったことのない老妻と披露宴なんかで、あるいは汽車で向かいあって「あんたフケたわね」なんていわれて身の寒くなるような思いをしているんではないかと、内心嘲笑した。

そんな同窓会で先夜、優越感にひたって帰りがけ、音もなく痛みもなく下アゴの前歯がポロリとぬけた。

その夜は顔を洗ったが、とうとう鏡は見なかった。

親方

テレビやラジオの株式会社の親方（ボス）に、文明人はあまりいないと見たはヒガ目か。

元逓信省の天下り、現郵政省のお下り、いずれにせよ役人である。つづいて銀行マン（頭取級）の社長が差し押えカタガタやってきた。いわばなれの果、これまた、もと金貸しで根っからの文明人ではない。

放送は企業かね？　と、ひらきなおりたい。

これらの社長は損するのがこわいばかりに石橋たたいて、スポンサーの腰ぎんちゃくとなり、些少な銭に追いまくられ、自らの権威ある仕事を忘却する。

日本列島一億を小バカにして、わが万世の業なりぬでは聞こえませぬぞ。

損得をある程度、度外視できる力強い文明人が出てこそ、テレビも精彩を放つが、こんなヘナチョコばかりでは文明人不在で、そのうちに崩壊するだろう。

チャイニーズ

エリザベス女王のご来日は、地元英国にどのくらいの反響があったか、いや反響というより日本がどのくらい知られたか、私は英国通に期待をもって聞いてみた。

しかし、氏は、ぶ然としてせいぜい一〇％ぐらいですかなという。

ためしに英国人に、日本人と中国人とどちらがえらいかと聞いてごらん、彼らは一〇〇％中国人という――と氏は答えた。

チャイニーズはかわいく、チャイニーズは東洋の最古の国であり、孔子、孟子は彼らの中に、翻訳されて尊敬されているからだ。

二十年ほど前、日劇ダンシングチームの女の子たちが、大挙、ロンドンを訪れ、どこかで公演したそうな。そのとき、バスに乗ってる彼女らを見て、一人の老英国婦人が、チャイニーズ？　と聞いたそうな。そしたら、彼女らは、目をつりあげて、ジャパニーズと答えたが、とたんに老女は横を向いて窓外に目をやったと、土産話である。チャイニーズは、日本をしり目に欧州の寵児である。

いまだ陶器をチャイナというが如く。

目

その娘は、ベッピンではないが、何ともいえぬ愛くるしさがあるのと、話し上手、聞き上手で、私はその娘が好きである。

昔の映画女優の資格には、少々の外斜視がよし、とされていた。そういえば原節子さんも轟夕起子さんもそのようであった。焦点のボケた目がかえって魅力をそそったのであろう。

その娘も少々以上の外斜視である。右の目と話をしていると、間違いなく私に話しかけているのだが、ひょっと左の目を見ると沈んだ顔で、あらぬ横を向いているのである。私はあわてて右目に切りかえる。そのせいか、どうもこの娘には二つの性格があるように見えてならない。〝先生好きよ〟という目と〝こいつ大した男じゃないわ〟という目が、いりくんで私を困らすのである。

この外斜視というのは、訓練で治るという。なれば逆に訓練で外斜視になるのも可能だろう。そうなれば運転手君など踏切でカーッと大外斜視にする。と一度に上り下りが見られて事故防止にうんと役立つなと思ったがムリか。

極端とはいえ、研ナオコは美女だ。

一兆円

私の子供のころからすると、数字のケタがバカでかくなった。近ごろの経理マンは昔にくらべてビックリするほどの零を毎日計算しているのだが、数字と人間との間の親しみがうすれてゆくのも無理はない。

ヒマ人が計算した話だが、一兆円を一円玉、一個一秒のわりで数えると約三万年かかるそうだ。その一円がまだ通用して、政府の赤字が何兆円とは、まるでインチキな世の中に住んでいるような気がしてならない。

昔もヒマ人がいて〝百万人といえどもわれゆかん〟の武藤山治が、退職金として昭和の初期、三百万円もらったと聞いて、当時の新聞が気の遠くなる話だと書いた。月、百円の月給取りが飲まず食わずで、神武天皇即位から貯めこんでも、今日にいたって三百万にはならないそうだ。その三百万円は、今日では退職金にもらえる世の中になったが、世の中は億をこえて兆の時代にすり変わっているのである。

「兆」という字を字引にひくと、兆候、きざしとある。よからぬ〝きざし〟とならぬよう祈るばかりだ。

泥を投げる

アメリカの西部劇映画を、太平洋上空で見ていた時、つまりジャンボで渡米の時だが、その中ですばらしいセリフが出てきたので、書きとめておいた。

だまされてせっぱつまった主役が、傷つきながら一人の老人に助けられる。そして小屋の中で、その老人がその男にいうセリフである。

「泥沼から引き上げてくれるヤツは必ずしも味方じゃない。それにナ、泥を投げつけるヤツも必ずしも敵じゃないぜ。要するにだ、どんな時にも大声でさけばぬことだ」

いかにも、アメリカのフロンティアの精神がみなぎっている。インディアンと戦い、オオカミに追われ、開拓していった彼らの激しい魂が、私の心をゆすった。

〝どんな時にも大声でさけばぬことだ〟

私はここがたまらなく好きである。いい若いもんが母親といっしょに勉強したり、試験にゆく。なんという女々しい日本の若者よ。ひとりで歩けんのか――。

カミサン

私の役は、どういうわけかおおむね、生活力のない女のヒモみたいな、それでいて好色な意気地なしのキャラクターが多い。

いつのまに、そんなパターンになったか、いやだれがしたのか、いい迷惑である。

満席のお客の中で、時折、好色な振る舞いに及ぶことがある。するときまってドッと笑いが起こる。私はいつもその声の大半が女であり、しかもその中でひときわ高いバカ笑いが、中年以上の女であることを知っているのだ。

女ほど（中年ごろから）好きものはない。

劇場はいわば、公の娯楽場である。だれはばからず呵々大笑して何の遠慮もないのである。率直、正直に発散する、中年女性のセックスストレスがむせかえるように舞台にはねかえる。帰りがけ、脂ぎったあのおばさんたちが〝ああ面白かった、森繁いいネ〟といってくれるのだ。

お客さまはカミサンだ。

駄菓子

年をとると、だれもが同じことをいう。

少年のころの食べものがなつかしいなあ――と。人は還暦するのであろう。あの駄菓子屋のネジリン棒や、かりん糖や、不潔きわまりない毒々しいかんてんようかん、キャルメラ、もち細工、アメ細工など、たまらない魅力である。

そんなものもさることながら、スカンポの根をすすったり、タケノコの皮の中に梅干しを入れて三角にたたんで、チュウチュウやったり、グミや、木いちご。

だれもいない海でハマグリやアサリを掘って、トタン板の上で焼きながら食ったり、焼きイモから、一銭カツ、イモコロッケにドラ焼き、だんごに朝鮮アメ、クルクルと竹ベラをまわして数字が出ると、チョゴリを着たアメ屋のオジサンが、汚い手で引き出しからハサミを出し、二つ三つと切ってくれる虫歯のぬけそうなアメ。忘れられぬ味である。

少年の日は、少年の時の味といっしょに住みついている。

家でもらう三時のおやつはみんな忘れたが——。

梅雨

金玉(たま)かゆく雨はしとどと降るばかり

わが家の梅の木にもわずかながら、さわればナマあたたかく、娘の耳たぶのようなヒスイ色の実が葉がくれに見える。

ペーブメントはフロ屋の床のよう、ワイパーはくたびれて、気も滅入る陰湿な雨。

川も山も家も人も犬も鳥も、日本列島は心の中までビチョビチョになってうごめいている。

こんな時に会議などやってもうまくは行くまいと、昼電灯のついたビルを横目に見る。

でもカビの生えた活気のない、この天地(あめつち)の中にも健康な成育を見せるものもある。早苗などは、雨の中にケナゲなほど美しい。いっそカエルになって、その青い葉かげに全裸を雨にたたかせて、夏への賛歌をうたいたい気持ちだ。

雨が降り続けるとお天気を望む、カラカラ天気が続くと雨を望む。人間とは勝手なものだ。こっち立てれば、あっちが怒る。あっち立てれば、こっちがムクれる。

両方がいいなんてことはないと知れ、雨が降る時ゃ天気は悪いんだ。

鼻

鼻すじのとおったきれいな女（ひと）……と昔も、今もいうが、整形が行きわたってから私は鼻すじへの関心を極力さけるようにつとめてきた。その代わりといってはおかしいが、最近、鼻の穴に女の美を見つける。

神様というのも移り気で、人間の顔は実に千差万別、ていねいにつくられたものもあれば、雑なのもあり、これだけの美人なら耳ぐらいもう少し考えてつければいいのにとか、歯ならびに手をぬいたり、鼻の穴だけ天井を向けて、なかの鼻毛が黒々と見えるのなぞ、恥毛を見た思いがする。

日本人はおおむね口吻（こうふん）民族だから、上唇（くちびる）が鼻ぐらい前へ出てるのが多いので、穴の格好がどうもまるくなり楕円（だえん）にならない。きれいな楕円で、うす紅の鼻粘膜がチラとのぞくのは最高である。

昔の歌に「あな尊しや、大御代（おおみよ）の……」というのがあるが、尊く気品にみちた穴のあいた鼻を整形するのは至難の技か。

家の裏のお嬢さんは最高の穴だが、聞けば鼻づまりで弱っているとか、うまくゆかんものだ。

裸ミュージカル

見てきた話を聞いた話で恐縮だが、見にゆきたいので書いておく次第である。

つい最近、ニューヨークに東宝の某氏が視察に行った。ミュージカルはウィズWIZという黒人だけのがすばらしかったよし、無名青年がプロデュースして一躍世に出て大変な人気だと聞いた。

さて、それはそれとして続いて、オフブロードウェーで「Let My People Come」という、全裸ミュージカルを見たそうな。念のために場所を書いておくと、グリニッジ・ビレッジのビレッジゲートという地下劇場で、入場料八ドル、水割りやビールを飲みながら見るのだそうだ。

男十五人、女十五人、これが二時間余、スッパダカで歌におどり、その他いろいろやるのである。そして公演が終わると出口にならんで、またもしつこくスッパダカで、客の見送りにはまいったそうな。

一人一人、握手するので、巨大な前のものがいやでも見える。某氏は、ホテルに帰り、フロに入ろうと鏡の前に立って、おのがメイド・イン・ジャパンのしょぼくれた前のモノを見て、はげしいコンプレックスに泣いた——お粗末話である。

三百年後

三百年後、私は——どうなっているだろう。

もちろん、ツボの中の骨はいくらかのしめりをおびて存在するだろうが、モリシゲヒサヤなる名前はどこかに生きているかと想像した。

以下が、タイムトンネル風の想像である。

——映画やテレビに出ていたという説があるが、さだかでない。フィルムライブラリーも百五十年前のものは整理して存在せず。

詩人という説もあるので、文献をさがしたが、見当たらない。数年前、地方で、四角い紙（色紙）に書かれたものが二、三出てきたことがあるが、まことに幼稚なもので、取り上げてうんぬんするほどのものでなし、故に詩人、文人の類（たぐい）ではない。

ただひとつ、確実に残っているものに歌がある。なんでも北海道知床（しれとこ）を主題にしたものらしいが、それひとつしかないので作曲家でもないらしい——。

ああ、生きているうちが花だぜ。そう思って時間を大事にしよう。なあ諸君。

女優

女優
これは資格か？
自分が決めたものではない

可愛い娘
おきれいですね
だれかの甘言にのって
ある日、チャンスが来た女
いやおうなく認めさせられた大衆は、ああだ、こうだといいながらも、押しつけがましいタダの女に、拍手を送り、好きだきらいだと評判した

いつの間にか「女優さん」と呼ばれている自分にビックリしながらも、下手クソなウソ字で、サインした
婚期はとっくにすぎていた
鏡台の横に、ちょっと若い「次」がいた、その向こうに、もっと若い「次の次」もいた

「芝居が好きだ」と「芝居が出来る」は別のことよ――と、そのとき、居丈高にいって聞かせた、「次」と「次の次」に

イチャモン

政治家たちの――（与党も野党も）その新聞が伝える闘争のチャチさは重箱のすみをせせるかに見える。

あれは、いわば言葉じりをとらえてイチャモンをつける街のアンさんたちの根性に近い。正しい論争と見せかけて実は、腹の小さい、イギタナイいいがかりのシラケ芝居だ。

電車の中で、足をふんだとか、肩がふれたとか。それを待ってましたとばかり、イチャモンをつけて落としまえを取ろうとする。ヨタモンのソレに似ていると思うはナンセンスか。

さて、もしも私が党員なら、この一言で即、罷免委員会でつるし上げられ、お払い箱か、組員＝ハバツ＝からほうり出されて、孤独の政治家となること必定だろう。

幸いなるかな、私は一匹野人だ。故にこそ、この際、しかといって置きたい。

何党であれ、みんな親方日の丸的じゃないか。日の丸が悪けりゃ何旗でもいい。

そんなことより、日本をどうしたいんだ。ハッキリいいな。よけりゃ、黙ってついて行くんだ。みんな。

休み

今日は私の休みだ
勝手に休みだ
理由も何もない
強いていうならオオバヒロシのさし絵が
いつも私をバカにしている
今日はこいつに余白をゆずる

長い毎日の新聞コラム、私は書きつかれたわけではないが、シャレで一日休んでやった。この文庫本にはさし絵はないが、おおば比呂司君が、その日は、キテレツな絵をかいて私を微苦笑させた、楽しい思い出がある。

ついでに書くが、コラムの絵ほどむずかしいものはないそうだ。彼は——出すぎて厭味、シャレすぎては一般に不明、穴をふさいでは書き手に相済まぬと、その苦衷(くちゅう)のほどを語った。むべなるかなだ。

だいこん

「だいこんの花」というテレビドラマを始めて数年。四シリーズの放映は何と二百回に近い。いい加減な元艦長のおやじと実直な息子の話が、どこでどう受けたのか時に視聴率三〇%近くまでなった。面白がっている反面、大きらいだとおっしゃる方々もウンとあるに違いない。

これが今、ロサンゼルス、サンフランシスコ、ハワイ、ニューヨークで、同じように大ヒットしているのに、当事者たちは逆に目を白黒させている。

だいこんの花に出てくる役者は、だいこん役者ということになるかもしれんが、昔、だいこん役者とはいい意味で使われたそうだ。主役を引きたて、主役の味を邪魔せず、身をかえて花をそえるという意味である。刺し身には身を具(ツマ=ケン)として細くけずり、ブリの照り焼きには、おろしとなり、茶づけにはタクワンと化して、つとめるだいこんのいじらしさをうたったものだ。

そんな意味では私など模範的だいこん役者である。

長雨や紫さめし花大根　　橙黄子

四つの目

「四つの目」という子供の科学番組がＮＨＫにあった。いまもあるかもしれぬが、私の好きな番組のひとつだった。

トンボの目玉の拡大やら、カメレオンが舌をのばして、ハエを捕える瞬間やら、犬の舌が水をのむスローモーション撮影など、四種類の撮影はたくさんの興味が見えてあきさせない。

近ごろ、といっても、ここ二、三年、とくにひどくなったのだが、食べこぼしと、水気のものが、飲んだつもりで、胸にたれる。「よだれかけしなさい」とか、「年よりクサくなったわね」と女房からしかられるが、そういえば昔、うちのじいさんも、食べこぼしてヨゴしていたのを思い出す。

モノを口に運ぶのと、口の開くタイミングが、ずれるのか、口唇(こうしん)が、よく開いていないのか、半分飲んで半分はき出しているのか、一度、四つの目で、ゆっくりと調べてほしくてしょうがない。

この話を友人にしたら、うむ、とうなずいてから、脳の弛緩(しかん)したのは四つの目ではわからんぜと、私をなおも悲しませた。

禁煙法

「先生！　煙草やめました」結構ですな。「先生！　実は酒もやめました」長生きしたいのね。「先生！　ほんとを申すと女も縁をタちました」あんた何が面白くて生きてるの？　と医者が聞きかえした、という笑話を読んだが、少々の毒なんかくっても吸っても、寿命のあるヤツは死なんように出来とるのが人間である。

　どなたかの本に、口に入るものはほとんどが毒性だというのがあったが、そんなにビクビクして生きていては生き甲斐(がい)もなかろうじゃないか。

　僕ね、二キロほど太ったよと、益田喜頓さんがうれしそうに話した。煙草をやめました――というのである。そういいながら彼はやおら私のタバコを一本ぬいてくわえた。吸ってるじゃないの⁈　と問いただすと「これが僕の禁煙法でね。吸いますが吸いこまずに口の中のをプッと吹き出すのです。肺の中に入れないいんです。こうすりゃ、吸ってる気持ちは味わえるし害は半分以上ふせげるし……」と。

　何ともまずそうで私は横を向いた。

青春

　男
女を愛した
……女がほれた
女に困った

……女は燃えた
女から逃げた
……女は泣いた
女を忘れた
……女は狂った

女

男をすきといった
……男はとびついた
男につくした
……男は金をつんだ
男を疑った
……男はウソとわかることを平気でいった
男にさよならといった
……男は笑った

あれから十年、二人はひょっこり銀座で会った
「お元気」と両方が問うたが、二人とも世帯づかれの顔をしていた

自宅待機

テレビがこわれて五日間。五日目に家族の中に会話が復活したという話を新聞で読んで胸をさされた。

夫婦も、親子も向きあう時間がまるでなくなった昨今である。めしをくっている時も、ドライブの時も、決して向かいあうことのない不思議な生活様式である。

そんなある日、父ちゃんは休みである。休みというか、自宅待機という奇態な遊弋時間があたえられた。

一日、二日。

静かな時間が、久しぶりに家族に流れた。息子は初めて父ちゃんにモノ申し、母ちゃんは父ちゃんに、世間ばなしの一言がいえた。犬も尾をふってジャレつき、夫婦は向かいあってゴキブリ退治に打ち興じた。

長い間、日のささなかった湿った家の中に風と光が入ってきたような日だった。

こんなうまいものがわが家でも出来るのか——と惣菜に舌つづみをうち、わずか二本のビールで、亭主はゴロンと横になった。いそいそと女房はふとんを敷いた。

旅

終りたる旅を見返る淋しさに
　　誘われてまた旅せむと思う

どなたの作か、いいうたである。

旅に出る時の、なんともいえぬソワソワとした気持ちもたまらないが、わが家に帰ってきて、戸をあけると、なつかしい家のにおいがする。これがまあ終(つい)の栖(すみか)か——とほっとするが、つかの間、そのうらうらとしたさびしさに、再び旅支度をする。

何が誘うのか、遠い国々が、おいで、おいで——と呼ぶ声が耳の奥に聞こえて、人は車に乗り、船に乗り、汽車に乗り、空を飛んで、見知らぬ土地を求める。

旅の哀愁、旅愁というか、それは孤独から始まる。正しい旅は一人でするものだろう。もっとも下品な旅は修学旅行の延長ともいうような団体旅行だ。紫の旗のもとに前を向いて、いや下を向いて、はきなれぬクツの肉刺(まめ)にビッコひきひき意味もなく行列がゆく。

バスに乗せれば高いびきだ。サラリーマンの人生旅行もこれに近いか。

屋根の上のバイオリン弾き

日本にミュージカルが渡来して何年にもならない。

そのひとつ「屋根の上のバイオリン弾き」に私も出た、八年前、そして今年の二月の日生劇場再演と。ハタの話でも成功というから、まずまずの出来だったのだろう。

一番うれしかったのは、芝居は観客が作るという言葉通り、すばらしい客が連日もり上げてくれたことだ。日本のお客も見巧者(みごうしゃ)になったと、おおぜいの友だちが私より客をほめたくらいである。

ある夜は、アンコールカーテンが十二分つづいた。義理で十二分も手をたたくバカもおらんだろう。その日、ちょうど、せがれが見ていた。帰宅してから、興奮している親子は酒をくみかわした。こいつは、いままで一度も私をほめたことがない。それがまじまじと私を見て、

「よかったあ、おやじ。役者みょうりにつきるな」

そうか、そういわれりゃオレもうれしいよ。

「おやじさん、千秋楽の日、あの拍手の中で死になよ、いいぜ」

せがれもいいことをいうヤツだ。

葉書

このコラムは四百字一枚です。

新聞の編集局長は、老練のするどい目を、酒によどませて、しつこく私にいった。こっちは酔いもさめた。

うまいも――へたも――ない。あたえられた四百字の中で、ひとつのことを燃焼しようとする。いっそ半分の二百字といってくれた方がよかったと、このごろは思う。

が、俳句を思えば、意をつくすに二百字はありすぎる。

ある日、私は友だちに葉書を書いた。なにを書こうとも考えずに「前略」とはおかしいが、そのうち、そうだ、この間の礼も、親父の訃も、子供の入学のことも――と思い出した。とうとう葉書はいっぱいになり、だんだん字が小さくなり、さかさにして赤で書き、表の下に線を引いて、クドクドと真っ黒な葉書になった。これなら始めから手紙にすればよかったと、その時に思った。

四百字のコラムとは葉書の書き方に似てると、哀しい反省をした。

サウジアラビア

石油の宝庫、サウジアラビア。

国王の暗殺、王子の断首刑、石油ショックで一躍、私どもにも近くなった。

とはいえ、欧米人が実は日本を知らぬように、私たちも名前だけで、その国情を知るよしもない。

先日、この地に二年ほど滞在していたラジオの技術屋が帰ってきた。私はその珍しい話に目を丸くするどころか慄然(りつぜん)とした。

この国は、法律がない。すべてコーランである。

一夫四人の妻が許され国王は二百人以上のヨメさんがあるそうだ。ここまではうらやましい。ところがだ――。

「君、この国で自動車を運転するな」と着く早々いわれたそうな。

男をひくと、その男の家族がその車に乗って同じ方法でひき殺すという、目には目を歯には歯の国だ。ただ女は金ですむそうな。ラクダの半分の金だという。つまり女はモノということになるか。

毎金曜日の夕べ、スタディアムで斬首(ざんしゅ)が見世物であるという。あのソリのある半月のようなアラビア刀でスパリと切り、女は土に埋めて、顔に石を投げて殺すという。概ねは姦通罪である。日本では首がいくつあっても足りぬ男が銀座あたりをウヨウヨしているが――。

ドルはドラムかんにアフれて何本も倉庫に放置されていると。ああ、その下に石油が無尽蔵だとは――。

益田喜頓氏

年とともに枯淡の味が増し、この人が舞台へ出ると不思議やぬくもりのようなものが、あたりに流れる。いい役者である。

もう枯れ切ったのか、いろんな話を舞台のソデでしてくれる。

この間、彼女が出来て、箱根へドライブとシャレた。翌日、なにくわぬ顔で帰宅して、よせばいいのに奥さんの前で、ロケは雨で弱ったとか、なんとかいっているうちに、奥さんが「おたのしみでしたね」と、ジワジワせめよった。

なんのことはない全部バレてるので、ひたすら平身低頭してあやまったが、実は奥さんの弟の友だちの息子がアルバイトで箱根バイパスで切符きりをやってて「益田おじさん、女つれて通ったぜ」と電話したという。悪いことをするヤツだ。かわいそうなトンちゃんよ。

終戦間もなく、またゴルフをしたいなと歩いていたら、上野裏の古道具屋に、古ぼけたセット（七本入り）が五百円ででていた。こんなバカ値でと飛びついて買った。

家へ帰って喜びにわくわく、また昔のようにゴルフが——と握って見たら、左ギッチョのサウスポークラブだったって。

釣り

舟はゆれていた
一心に釣っていた
深いイソが見えない、この手に見えない
舟がゆれているからだ
雨が降ってきた

魚は雨も風も波も知らずに
友だちとあそんでいた
暗い水脈と黒い岩と、海藻がゆらめく中を思いきり走りまわっていた

ひといきついた兄さんの方のメバルは
おぼろに動くイソメを見た
ちょうど腹もへってきた
ススーと近よった
兄ちゃんだめよ！

という弟の声がうしろに聞こえた時
身体がはげしく飛ばされ
クチビルがちぎれそうに痛みを伝えた
「塩焼きが一番だな」とダミ声のおやじがいって、ブ厚いクチビルで、香ばしくなった兄ちゃんは
イギタない口に入った
小さな、するどい骨がキャッのノドにささった
せめても仕返しだ

役者の三すくみ

昔〝猫と庄造と二人の女〟という谷崎文学の映画化で一役をやったが、後日、試写会で某批評家から「よかったね」と、逢うや一言賛辞をもらった。

うれしかったので「そう、どこが一番?」と聞いた。

答えは私を失意の中に沈めて「ネコがうまいネ」というではないか。その他〝警察日記〟でも「いいね! 子役が」と、三歳の二木てるみ——をほめそやし、つづいては、新人を抜てきした映画で、何回も何回も、やりなおし、つきあうこっちまでNGを出し、やっと特訓までして撮った映画があっ

た。これも後日「いいね、あの新人」と素人をほめるではないか。

爾来（じらい）、私は三つのタブーを作った。

〝出るな！　ジャリ（子供）と畜生とド素人〟

この三つは、いまだに私ににがい水をのませる。

子供は天真爛漫（らんまん）だ。畜生とて同じ。出演して名が売れて金がもうかって——など、ひとっかけらも心にない。故にこそ、自然で素直で美しいのだ。

よく考えれば、台本を読んでないヤツがいい芝居をするのが映画かもしれぬ。

血

アスファルトの上にはげしい血が流れ、軽傷、重傷、致死。悲劇は日本中にサイレンの音をたててくりかえされている。人はうめき、人は泣き、人はうらみ、人は後悔のホゾをかむ。

さて、ここにひとつの提案がある。

この事故に、日本中血が足りなくて、生きる命も冷たくなっている青ざめた現状を救おうというのである。

自動車、オートバイの免許証の交付を受けるとき、また書きかえをするときに、たった二百ＣＣでいいから献血を義務づけようというのだ。

車に乗ることによって受ける、アレコレのメリットを考えれば、また、自分が事故にあったときの悲惨さを思えば、コップ一杯の血を血液銀行に贈るに、なんのチュウチョやあらんだろう。

尊い血が無くて死にました——というほどのものを、女などは、毎月一週間もたれ流しているのだ。

男にしても、二日もガマンしていると鼻血ブーというヤツがごまんといる筈だ。

今からでも遅くない。

時

悲しいことがあった
苦しいこともあった
はげしく、みにくい争いもあった
たった一人の友を裏切ったこともあった
人をだまして一人いい子になったこともあった
失意の中で自殺を考えたこともあった
罪にこそ問われぬが、相当の悪事に加担もした
腹でも切らねば、日の目も見られぬ——そんな思いもしたことがあった

金も物も、解決、解消に役立たなかった

眉間（みけん）にくる剣を小手に流したくらいで、心の傷は血を吹いていた
何とかこの場をしのぎたい
権力を楯（たて）に手を打とうか、酒をのませて水に流そう——も、しょせんシコリは取り切れなかった
でも、それらを解決したものがひとつあった
〝時〟の流れだった

解釈の仕方

国家にやたらもうけさせず、酒を安く飲む法——。

国がもうけて富むのは結構だが、あまりの重税に国民を泣かしたり首をつらしていいものか、近ごろの苛斂誅求（かれんちゅうきゅう）ぶりは、度を越している。

昔、島原の乱が起こったのは、畳税、窓税までとったためという。畳何枚以上、窓二個以上は税の対象となった話が、いまや身近にある思いだ。

千二百円までは飲食税はかからぬ。（今年の暮れには千八百円までとなるそうな）さあ、そこでだ。まず千二百円まで酒のサカナを注文し、そこで一度勘定をすますのだ。つづいて酒をたのむ、これも千二百円まで。それからゆっくり飲むのだ。酒がなくなれば、また勘定をする。そして注文する。店の方は痛くもかゆくもないから、いやな顔はしない。

こうすれば飲食税はかからない。この方法こそ最適であると思うが、ただし現金ばらいだ。

出前をとって飲食税がかかるのもおかしい。店で飲食するからかかるのだろう。第一、その出前を何人でくったか、三人前を五人で食ったといってなにが悪い。

雪洲

早川雪洲さんは、はなばなしく咲いて、はなばなしく散った国際俳優だった。

私も一度舞台をご一緒したことがあるが、私より背の低い方で、ハリウッド揺籃期、あの大活躍をしのびながら、背の高い碧眼の女優相手に、もう三寸、いや二寸、一寸でも高ければ、と切に思われたと推察した。

ラブシーンは足の下に箱を置いて、背たけを同じ、あるいは以上にして演られた話は有名だ。爾来つぎ足のことを、映画界では、セッシュウしてくれという。

近ごろの女性でなにがいやかといえば、あの女郎が昔はいていたような分厚い靴だ。日本人の足も長くなったなと錯覚させるあのブザマな靴と、それをかくす、地ベタに引きずるようなヒラヒラのパンタロン。

いじらしいといえばそれまでだが、あれが数人遊びにくると、家の畳が砂だらけになる。足はどこにあるのかと問いたいほどの、兄ちゃんから借りてきたようなズボンが、砂と泥をまき散らすのだ。近所の骨つぎ氏が、足首の捻挫が多くてとなげいていたのもそのためか。

ああ雪洲のニガ笑い。

相撲

相撲が千秋楽に近い。

夏近い名古屋場所は、汗の中の喚声である。

いつも思うことだが、関取たちの顔は、およそ年とは似つかわしくない。どの顔もいいオジさんに見えるのだが、聞けば二十一だとか、二十二だとか。不思議にフケて見える人ばかり。

どうも力仕事（相撲をそういっては悪いが）に明け暮れる人や、日がな太陽の下にさらされて働いている人は、日陰仕事のものより年フケて見えるようだ。

この間、釣りにいったときの船頭さんなど、私より上だと思ったら五つも年下だった。

この話をしたら、それでオレはゴルフをしないでマージャンをしているとウソぶいた仁がいたが、青びょうたんは若さとは少し違う。

アフリカの映画を見ても、ライオンは予備運動もラジオ体操もしないダラケた動物だ。木陰で寝てばかりいて、腹がすく以外は活動をしないかに思えた。

これぞ年をとらないコツと見たが、こういえば物言いがつくか。

法律

来日したアメリカ人とドライブをした。

深夜、田舎道に信号があり、赤がついていた。もちろん車を止めた。まわりはタンボと原っぱで見とおし十分。後ろも前も、右も左も何も来ない。

「何で止まるのか」と米人は私に聞いた。

「赤が見えんのか」と私。

「何も来んじゃないか」と彼。

「来なくても規則だ」と私。

「おうフーリッシュ！」

「馬鹿とは何だ。人が見てなきゃ何をしてもいいのか、お前さんの国では」

「アメリカでは、信号は自分と他人(ひと)を守るためにあるのだ。日本では何を守るのだ？」

「わしらは君より文明国人だからなア」と苦しまぎれなことをいったら、危険がないと分かれば行けばいい、アメリカでは、みんなそうしてるという。

われわれは信号無視などすると、誰も見てなくてもウシロメタくて罪悪感がつきまとう、と話したら、彼はにくらしい笑みをうかべて、

「オウ、それでわかった。戦争は負けたとウスウス知っているのに、小野田が何十年も山の中にい

たのが――」といった。

軍命のための軍命、法律のための法律。ああフンパンか――。

空の海

海底に美しい花が咲き、エメラルドの沖縄のビーチにメンソーレの祭典。

天高く空の彼方、ソユーズとアポロは結びあい、米ソの五人は星の王子さまだ。

いずれにしても梅雨はあけ、夏の空と海はめくるめく饗宴(きょうえん)をまきちらしている。

ついでに、ひめゆりの塔は王子のそばで火炎をあげ、北のハテ北海道には爆薬が血しぶきを呼ぶ。

大正を生き昭和を生きてきた年よりは、子供のようにオロオロするばかりだ。

人知は涯なし無窮の空に――と少年の日に唄ったが、その輝かしい人知は、その裏で人間を最低の愚挙にも追いこむ。

平和を希求するは、永遠の笑いごとかと、白髪(しらが)あたまをふりながら、テレビの前で、鳥ハダをたてた。

いかなる文明も、人間のうらみ心をとりのぞくには何の力もないのかと、夏の夜にうすら寒い世紀末の風を吸っている。

銀行

街の目抜きの一等地に銀行はある。

もっとシャクなのは、繁華な街の交差点の角に四つもあることがある。金貸しがあんなにハバをきかしてよいものか。しかも行員は外面如菩薩、内面如夜叉みたいで、入金時はおかま君のように親切だ。出すときはガラリと人が変わるのに。

銀行というものは〝不急〟のものだ。街はずれにあればいい。駐車場もたっぷりとれよう。立ちのいたあとは木を植えて公園にすると街中のオアシスに絶好。

不思議なことに銀行がわずかの利鞘(りざや)であんな宮殿のようなものが建つのか、まさか預金を流用しているのではとあやしむは小心者か。

アメリカでは、借りてくれ借りてくれと宣伝する。日本では、預けろ預けろとやかましい。みんなが預ければ銀行はたちどころにつぶれよう。

聞けば行員は、預金利率がいいとか、又借りても利息が安いとか。

あの中にいる人たちは、いつか国民としての自覚を失い、人間を喪失しなければよいがと老婆心だ。

赤坂のとある料亭の女将が、銀行屋さんだけの宴会ほどガラの悪いものはないといった。

なるほど、そこで人間を取りもどしているのか。

氷

いまの若い人は笑って信用しないだろうが。

私の子供のころ（大阪）は、氷は貴重品だった。夏の盛り、街から街を「えー　カチワリ　カチワリや、はよ来なとけるでエー　えー　カチワリ」と、おっさんが氷を売りにきた。カチワリとは東京のブッカキ、いまのダイヤアイスだ。

あまりの暑さに、母にねだって買ってもらった少年の日はもう遠い。

すぐる年、南極土産に氷をもらった。何の不思議もないものと思ったが、これで水割りを飲んでごらんという。何と、キチキチ、チンチンとかわいい音をたてて氷が泣くのである。

何億年の前に出来たか、その氷は甘く悠久の味がしたが、都に出てきて心もとけたか、キチキチと遠い古い昔話をしているようだ。

この音が、なぜ出るのか。多分気圧のちがうところで凍ったせいか。小夜の中山夜泣き石があれば、サウスポールの泣き氷。珍しくいただいたが、水のたりぬオーストラリアが、南極の氷山を引っぱってきて不毛の地を緑にするという。

人知ははてなし、私は毎日の平凡がはずかしい。

入り口

爆弾事件以来、どこもここも、入り口がやかましくなった。

でも、やかましいだけで、名前さえ書けば、どうぞというズサンな玄関も多い。あれでは爆弾野郎もせせら笑うだろう。

昔、ＮＨＫが内幸町にあったころ、二十五年も昔、米軍（進駐軍）にやとわれた手きびしい守衛と旧ＮＨＫ守衛との両者が、入り口でがんばっていた。いい格好をするにもゼニのない私など毎回ここで不審尋問にあい泣かされた。

ある雨の日、三笠宮がゴム長で入ってこられた。遺跡のお話かなにかだったのだ。「おいおい、ゴム長だめだよ。あんた放送者かい？　ゾウリにはきかえナ」と呼びとめられた話が有名だが、いまはなき、左卜全夫妻がその内玄関にボサッと腰かけているので、どうしたのかと聞いたら「入れてくれんのだよ」という。じゃ、なんとか係でも呼べばよいのに、平然といつまでも坐って待ってるのが、いかにもあの人らしかった。

そういえば、ＮＨＫの会長古垣さんも呼びとめられ、あの温厚な紳士が、全守衛を会長室に呼び「この顔が会長です」と、激怒された伝説もある。

根性

大阪の友だちが東京で商売をしている。

先日、ちょっとした用で彼を会社に訪れた。ちょうど月末の払いの最中だった。

驚いたことに机の上に、ゴマンと現金がつんである。そこへ一人一人呼んでは「おおけに、おおけに」と声高に礼をいって、現ナマをわしづかみ、一枚二枚……「へえ三十五万四千円、七十万二千円」と払っている。

「なんで、そんな金を——。小切手を使えば」——と聞いたら「小切手でもええのやが、この方がありがた味があるで。もろた人はうれしそうや。手ごたえが違うさかいな。信用もしはるし。それにナ、端金(はしたがね)を、たとえば七十万二千円といえば、その二千円、まけまひょときよる、これが大きいがな」ときた。

着実に金をもうける男は、どこかひと味ちがうと思った。そういえば、日本人はもうけ方も、使い方も欧米人にくらべて、うんとズサンだ。

気ップよく見せる私など、田舎者の成り上がりで、とうてい欧米人の仲間入りは出来ぬと、さとらされた次第だ。

名技

――名演奏は存在するが名曲は存在しない――という言葉がジャズの世界にあるそうな。

この言葉を聞いて、作曲家は青筋をたてるか、うむというか、これは疑問だが、おそらく即興の演奏のうまさに（ピアノ、トランペット、サキソホン、あるいは歌い手か）聞き手が過大にほめちぎったことにほかならぬ。

ただ、このキワドい言葉もひっくり返すとだれもが納得する。つまり、いかなる名曲も、ヘタクソな演奏では、ひとが席を立つ――ついでに、ごくありきたりの曲でも奏者によってどんなにかすばらしくなる――ことは事実だろう。

ここで舌をすべらさなければ、私も利口者だが、ガマンすると身体に毒なので書いてしまうが。

名演技は存在するが名作は稀有（けう）だ――歌舞伎を見ていていつもこう思う。こんなことをいうと明日から冷たい世界が私をとりまくだろう。だから、そんなことはいわない。

名作も名芝居によって光る――と。

そう、これでいいのだ。これなら誰も傷つかない。

チューインガム

チューインガム。

もっとも野蛮なアメリカ文明というか。こんなアホらしいものは、凡知をもって発明出来るものではない。

くうのでもなければ、シャブルのでもない。かむだけのものである。ただかんでおれといっても人はだまされんので、ちょっとうまそうな味をつけただけのものである。あのソッケもないものをはき出しもならず人前でかんでかんで、それが習慣になるのは謀略かとうたがうほどのものだ。

よく考えると、チューインガムは女に似ている。きれいな衣しょうにつつまれ、それをぬがすと銀の下着をつけている。これをむいて、さて口にさえ入れなければ、なんてことはない。

手でもてあそんでも、シリに敷いても、さしたる事件はおこらぬひときれのゴムセンベイであるが、人もかんでるからと口にいれると（つまり交わると）五、六回はかんで味もあるが、もうはき出すことは許されん。あるとき、これを捨てて見たまえ、うらみに狂ったチューインガム女は、ときに頭の毛や、洋服、じゅうたんについて、めったなことでは取れない。

恐ろしいしゅう念のカラミつきにあって悲鳴をあげるのである。

さわらぬ紙にたたりなしだ。

仲なおり

先日、カナダの二世が来日して、一夜酒宴を張ったが、若い学生時代のけんか話をしてくれた。カナダでは、けんかの当人同士が、ヘトヘトになるまで、他人はいっさい手は出さんという。つまり仲裁なしのなぐりあいを、遠まきに見物しているのだ。ひとつなぐると、向こうがひとつなぐる。血だらけになって、お互いに心がとけ、ヤジ馬をしり目に二人は酒をのみにゆき、いい友だちになるそうだ。

日本では、血だらけになると、すぐ仲裁が入る。ときにはこの仲裁もけんかにまきこまれるが、おおむね「まあ、オレの顔を立てて、ここはひとつ手を打とう」と、むりやりのおさめが常識だ。腹の中は両者とも、ちっともサッパリしていないことが多い。

私は、カナダ方式でも日本方式でもない。けんか無成敗をとなえる。なぐりあいも、口論も決着なしにホッとけというのである。

何年かのちに、両方がまちがっていたと思うとき、二人は、はじめていい友だちになれるのだ。セッカチな仲裁ほど意味のないものはあるまい。

カバ焼き

盛夏、うなぎを食うは、ひとり富者のみにあらず。

養鰻（ようまん）のうなぎは、冷凍サンマをエにするとサンマの味になり、サナギばかりやると虫くさくなると聞いた。自然の味は野菜ばかりでない。魚畜からも遠くなってゆく。

カバ焼きは、バカにうまいバカ焼きの落とし話からきたというが、本当は蒲（がま）の葉でうなぎをまいて、あぶらのたれぬようにしながら焼いたので、蒲焼きとなったよし。

いまのホイルでつつんで焼くのと同じ原理だ。事実、魚油が落ちて煙でいぶされると、くさくて食えない。サンマ、焼き鳥の煙をウチワであおいで逃がすのも、その知恵である。

大阪ではまむしという。うなぎをママ（めし）にまぶすからきたとか、ままでむすからきたともいうが、大阪弁の省略の妙だろう。省略といえば丼池（どんぶりいけ）なる地名がどぶいけで、だいこんが、おだいで、あずきが、あずさんと親しく略す、面白いところだ。

うなぎやサンマを熱く食らうは「そら焼けたよ」と家せまき貧者の徳なり。

二

北極

数日来、うちのバアさん（女房）が、ソワソワしている。

このようすで何が起こるか――知っているのは私だけである。

彼女は、ときどきスライドの写真をもって、いそいそと出かける。多分、どこかのグループに話をたのまれて行くのらしい。その薄謝の小銭がたまるころに、このソワソワが起こるのである。

どこかへ行くのかい、と一度も聞いたことがないし、むこうもいったことがない。

つい二、三日前、うちのお手伝いさんに何となく聞いたら「北極へ行かれるらしい」という。

南極に行き、シルクロードを横断し、サハラ砂漠（さばく）、アフリカ、アマゾン、イースター島、チベットの山の中、あとから聞いただけでもおぼえられない、旅行先だ。

ただひとつ、えらいなと思うのは、すごく勉強をしてそこへ行く。しかもたった一人、アメリカや、イギリス、ドイツの学者みたいなじいさん、ばあさんと。

最近は、年のせいか、いじらしい気さえする。

こんどは、ソユーズかアポロがあがるときに、なんとか頼んで乗せてやりたい。そうすれば、モノノケがコロリと落ちるかと。

ボルガの舟曳き

過日、Mデパートで催されていたソビエトの国宝絵画展を見た。

二十四点、その最たるものはレエピンの百年前の傑作、ボルガの舟曳(ひ)き――の絵だった。

三メートルに二メートル、私はその大画の前でウナったが、絵は十センチの特殊ガラスの中で、温湿をととのえ、数人のガードマンに守られて大統領なみのあつかいであった。

その他二十三点、すべて胸がこみあげてくるほどの作品ばかり。光を愛するこの北欧の国の人たちの心根がにくいばかりに神々しかった。

この絵は、なんと二度しか国外に出ていないそうだ。短期の公開を終えるや帰国したが、ボルガの舟曳き――は日航機一台をチャーターして、たった一枚だけ乗ってロシア美術館の館員さんと帰ったと聞いた。

その扱い方にも驚いたが、ソ連邦では、芸術品と芸術家は最高の優遇を与えられているとか。画家も一流は好きなところに二つも別荘がもてるとか。日本の国宝、人間国宝とは、悲しいかな月とスッポンのちがいだ。税金のために絵をかいているような、日本の絵かきさん、バカバカしいから描くのも少くしているという画家――その中に林画伯もおられたのだ。

初日

世の中には、まったくおろかなことだとわかりながら、なんら改めようとしないことが一杯ある。昔、お芝居は、一日が初日で二十五日が千秋楽と決まっていた。

いつの間にか、よく入ってるから一日のばそう――が、二十六日になり二十八日、最近では三十一日までというのがある。したがって、初日も乱れ、二日初日なんて妙な言葉が平然と使われ、三日初日、四日初日と、お客こそ大めいわくである。

このバラバラの初日と千秋楽がどんな影響を私たちに及ぼすかということは大変なものである。二十二日ごろから約十日間、けいこの予定が、集まった役者は三分の一、かんじんの売れっ子は、二十七日から、二十八日からやっと参加、中には、三十一日に、舞台げいこから入りますという。こんな歯ぬけのけいこでいいものが出来るわけがない。もっとかわいそうなのは、月一杯出演しているので、けいこに出られぬから、来月は休みという俳優たちである。

製作（考え作る）と営業（なんとかもうけたい）は芝居の中の異人種である。

芝居の中に知恵者はいるが賢者はいない。

天気

天気が人間に与える影響――という論文でも書きたいほど、晴れた日、曇った日、雨の日、風の日で人の心は変わる。

お天気野郎とバカにされるかも知れんが、私も家内も、お天気で気が変わる。ゆえにわが家のイサカイは、両者の考えちがいではなくお天気の指図なのだ。

が、お天気がいいから必ずしも二人とも調子がいいというのではない。カンカン照りなのに気圧の変化で神経痛がいたみ、かたや偏頭痛で耳も遠くなるときがある。

身体の調子ばかりでなく、運勢にまで影響する。五月生まれ（私）は落とし物をし、六月生まれ（女房）は拾いものをすると書いてあっても当たらぬ卦(け)ばかり。

気象庁に悪いが、昔からこのお天気の予報はあまり当てにならぬというのが巷(ちまた)の声である。夜店の八卦とよく似ているのだ。

実は、その天気と運勢が、いつも、私のこのコラム（かこみ）の下で場所をとって私の話を小さくしている。ウソだと思うなら下を見てごらんなされ。

私はまどわさぬが、下の天気と運勢は人をまどわしておる。

カーネーション

車の中のラジオが、子供の情操教育の話をしていた。語り手は、ある大学の児童心理学の先生で、お話は実に面白かった。

親が子供に、いかにいいかげんなことをいって毎日を暮らしているかという話だったが、その中で先生は、某有名建築家の話を引用されていたが、新宿にそびえ立つ高層ビルは強度の地震にも倒れない建て方がしてあるが、それでも一本のカーネーションにはかなわないという話が入っていた。あの細いクキで、しかも重い花をつけて、風にも地震にも倒れない。そういえば、自然への驚異を改めて考えさせられた。

昔からやせた男は強いという話があるが、たしかに食いすぎて、しかも運動不足のデブより、活動は重さだけでも敏しょうである。あまり大食いをせず、銭も持たず、細くやせて、カーネーションのようにこの世に生きる方が、世間の風にも強かろうとうなずける。

ヤセッポチとデブが断食した。身体中カロリーのデブはすぐ飢えを訴え、ヤセの方が強かったという。

母校

名にし負う、大阪の第一中学——といえば、聞こえはいいが、北野中学（現北野高校）は、大阪駅引込線のそばのうすぎたない木造家屋と、ポプラの並木、赤レンガの一見ボロ学校であった。

教師がいいのか、教育がしつこいのか、ともかく、一高、三高（旧制）の入学率が全国で一、二を争うというのが面目であった。

しかし、そんな学校を出たものが、全部利口な兄ちゃんかといえば、私が存在するごとく、ピンからキリまで、いいのもあれば悪いのもあったのだ。

しかし不思議や、あれだけの勉強学校で東大、京大を出てのち、世を風びしたものは、数えるほどしか出ていない。知事や裁判官や、院長、会社重役などはいるが、さしたる冴えを世に問うたものは少ない。要するに十五で才子、二十歳すぎればタダの人が大半。これは教育のやりそこないかと、いまになって思ったりする。

一人の英雄よりも、よきシビリアンを作るのだ——と教えたマッカーサーの趣旨にはそえるが、いまや、世は一人の英雄を望んでいる。

怪談

私の親しくしていた人に、日立のY氏がいる。氏は私とほぼ同年だが、宣伝の仕事がすんでからこんな話をしてくれた。

「私が日立に入社した当初は発電機の方の仕事をしていました。深い山の中にダムが出来ますので、当時は行くのにも大変でしたが、その検証をおおせつかり、なんどもいろいろなところに行きました。ある日、あるダムの近くの小さな村の旅籠(はたごや)屋に泊まりました。人の好いじいさんとばあさん二人で、山家の料理をごちそうしてくれ寝についたんですが、夜中になんべんも娘さんが現われ、コタツは寒くありませんか？　と聞きにきて、親切も度がすぎるなと思いましたが、朝その話をすると老人は、そんな娘は家にいないという。

私は着てる着物の模様まで覚えていたので書いてやりました。と、おばあさんがワナワナとふるえて、タンスから一枚の着物を出し、これですかという。

正にそれだ。

この娘は二十年も前に死にました。そうですか、夕べ帰ってきましたかと、あらためてばあさんは仏壇に線香をあげました」

これはつくり話ではない。今夜あたりお宅の北の窓になにか顔が見えるかも知れない。行ってごらん。

南極

暑い折から、南極の話もいいだろう。

女房の話で恐縮だが、一九六七年、まだ南極には第八次越冬隊が水杯で出発したころ。うちのバアさんはアメリカ人の南極旅行に加わった。日本の水杯とは打って変わって、カクテルドレス五枚以上なんて所持品の項目に書いてある。日米のちがいだ。

そして日本女性初めての南極旅行を記念してバカ寒い中で和服に着がえ、氷原に立った可愛いバアさんである。

アルゼンチンの軍艦で、荒波の海峡を渡り、南極の入り口に投錨（とうびょう）、あたりを氷山でかこむ静かな湾で慰霊祭（ミサ）がおごそかに行われた。それは南極で命をたった全世界の人々のためにである。家内は艦の打ち鳴らす鐘の音に霧の甲板にならんだ。

ようやくブリザードは荒れ始め、祈りの声は消されながらも無人の港にこだました。そして、みたまの一人一人が声高く呼ばれた。

やがてハポン（日本）S・フクシマという声が聞こえた。クレパスの中に命を落した南極観測隊員・福島紳氏の名前がチャンと入っていた。小さな日本の女は、ひとり吹きすさぶあらしの中で泣いた。

こんな快挙が日本にあるだろうか。日本の坊さんは、寺の中で説教ばかり、京都あたりの名刹の坊主は、観光料で芸者あそびをしているという。もう少しましなところにお出ましになり、もう少しましなことをなさってはどうだろう。

人間国宝

ソビエトの国宝絵画のことを前に書いたが、日本の国宝のことにもちょっとふれておきたい。

日本でも、重要美術品など、有形文化財の国宝は、世界的に価値の高いものとして一応、大事にされてはいる。

それはそれでいいのだが、無形文化財の方は、歌舞伎、能、舞踊、陶工、織物、紙すきなど、再び世に出そうもない人々を人間国宝としてどのくらい大事にしているか――。名誉は与えたが、その伝承にも無関心だし、金の方もケチっているのが現状だろう。

私は、いっそ解釈を広げて、カサ作りのおじいさんや、チョウチン張り、下駄作り、カジ屋さんなど、消えてゆきそうな日本の民芸をこの際、うんと金を出して人間国宝にして保護してほしいと願うのだ。

甲府の山のなかからザルを作って売りにきていたおじいさんなど、顔を見ても人間国宝にしたい人だったが、いまはもうこない。

山深い小屋で、山猿のようにザルの中で死んでいったか――と悲しむのだ。

犬

私の家に純粋の雑種が十匹ほどいる。好きで飼っているというより、子犬を捨ててゆくのがたまったのだ。

犬公方綱吉ではないが、生類あわれみが、血族相姦（そうかん）をうみ、どうでもいいのがやたらとふえる。自由を失った中で、これが彼らの唯一の快楽だとあきらめている。

三匹を北の丸に、四匹を南の丸、東の丸、西の丸とその部署を決めて、一人でもヨソ者が入ろうものなら衛犬いっせいにほえて、とてものことに泥棒は身をかくせぬ。

それはいいのだが、深夜睡眠中に、けたたましい十匹の犬騒は近所めいわくもはなはだしい。いたし方なく、寝まきのまま出てゆき、しかりつけることもしばしばだ。

この犬をクサリからといて一時間も自由に遊ばすと、その夜は静かにしてくれる。今日ははなしてやったので、よくねむれると横になりながら、ふと女も同じだナと思った。

一日ほんの二時間ほど、デパートなり、どこなりはなしてやると不思議やヒスからのがれられること妙である。

学生

走っている新幹線に、どこかの高校生らしいのが大勢乗り合わしていた。どうやら退屈な時間が来たのか、私の回りに立ち並んでサインしろと取りまき、近所の乗客の顔をしかめさせる。しかし逃避もならず、一枚一枚と書いた。ただ名前を書くのでは、何かわびしいので、少しずつ言葉を書きそえた。

「これは何と読むんだ?」ひどいニキビが礼もいわずに聞くので、〝シレトコノミサキニ——〟と読んだ。

「ヘン!」と。

次が来る。

〝友よ困難をさけるな〟

「カッコいい」と返事が来た。概ねは野次で、頭の程度をチラつかせる悪童の破顔であった。

〝若者よ、大いに失敗しろ、挫折は人間を創る〟

「なんだ、これ、じゃ、夕べのアレもいいってわけよナ」と入れ替った。

さっきから、これを読んでふと窓に目をやった子がいたが、引き揚げる彼らに遅れて、握手して下さいといった。

しっかり、骨太のいい手だった。

慾

文豪、里見弴先生は、ある日、その門をたたく者に、「たい」を大事にしなさい。したい、書きたい、たべたい、試みたい、「たい」がなくなったら人間は屁みたいなもんです――といわれたそうな。

私もうなずいて、ある日、名高い寺で、山主の僧正とめしを食った。そのとき、山主はおもむろに「あなたは苦しみがありますか」と聞かれたので、ないこともないと答えたが「苦しみから、のがれるのはかんたんです、やりたい、もうけたいの慾を減らしなさい」と教えをうけた。

私はうなずきながら困った。

そして、ある日、私は京都にゆき、名刹の名僧と祇園にあそんだ。

脂ぎった名僧は、舞妓をはべらせ「人間はナ。ナンボになっても、女にほれ、女にほれられる男でないとあきませんで」とさとされた。

私は又もうなずいて困った。

一体、なにが正しいのか、生きることのむずかしさよ、だ。

盂蘭盆

お盆は関東は七月、関西は八月。

少年の日、門先で迎え火のオガラをたいて、祖母がチーンとならしてモガモガいうのが、なんとなく恥ずかしく、恐ろしく、門のうしろで見ていた思い出がある。

「おばあちゃん、誰が入ってくるの?」

「見えませんが、ソレいま、ご先祖さまが並んでお入りです」

なぜ私にだけ見えないのか——それともバアさんに狐がついたのかとうたぐった。

知床旅情でうれた羅臼の町のロケーションで、私たちはソ領国後を目の前にする海岸に立った。ちょうど、お盆で村人たちが精霊舟をこしらえ、先祖の戒名を書きつらね、野菜果物を乗せて対岸、国後に向けて流すのだ。

夕なずむ海を悲しいロウソクが消えそうになりながらワラの舟が何艘もゆく。しかしすべては海流のためにオホーツクへと流れていった。

「あの、クナシリに、あすこを開いたおらの父っつぁん、爺たちの墓がありますニ。なんで、墓参もかないませんのじゃ」

夕陽があかく、クナシリを染めていた。

その島の一角から、海面をなめるように強力なサーチライトが、越境の魚船を探す。

蟬

蟬が減った。

都の公害に、いやアスファルトに、幼虫の行き場所がなくなったからだろう。六年も地中に生き、たった一回の交尾で死ぬ。かなしい蟬はミンミン、ヒグラシ、ツクツクボウシと、夏の木立の爽快（そうかい）な命の叫びである。

田舎道の稲穂をむいて、口の中で長いことかむ（玄米）。やがて口の中がクチャクチャになると、それを細い竹の先にベットリとぬる。これがとりもちである。

少年はすその短いカスリや、パンツひとつで、アゴが痛くなるほど上を向いて歩く。すっと蟬がションベンをかけて逃げてゆく。あの日ももう遠い。

許されて　今宵ともせる　窓の灯に
　　法師の蟬の　鳴くぞかなしき

歌人吉野秀雄さんのうたである。

八月十五日――終戦。もう空襲もなくなった。はじめて晴れ晴れとつけた電灯の明かりに、窓近く鳴くツクツクボウシ――いつかこの声も心も遠くなった今日このごろだ。

たった一夜の新婚の夢をだいて散華していった若者は、今は遠い大陸の草むらや海の底で、何を憶っているだろう。

映画

鬼畜米英を撃ちてしやまん――と三十年前、すさまじい殺しあいが国と国との間で行われたが、すでに記憶の片すみに影をうすめつつある。

あの戦争がすんだとき、アメリカは鬼畜とののしったこの島国に上陸して、まずアメリカ映画を無料で供与して映画館で上映させた。が、それら映画の大半は、アメリカを是とさせる国策的なものではなかった。恋愛があり、友情があり、美しい、楽しい夢の国だと思わせるものばかりだった。

聞けば、アメリカの映画会社から軍が買い上げて、日本に無料提供したものだという。

鬼畜と教わった国が、国民が、こんないいヤツで、楽天的で、美しくて――と、いつか敗戦のコンプレックスが霧消していったことは過言ではない。

いまや、日本はアジアの鬼畜、アニマルとののしられているが、政府は日本人の美しさをえがいた映画を高く買い上げて、もろもろの後進国で上映する気はないか。

国と人をわかってもらうのに、文化映画を始め、社長モノ、駅前シリーズでも少しは役に立つと思うのだが。

手洗い

便所にいって用を足し、出がけに手を洗う。だれがつくった習慣か「大」の方ならひょっとしてウンチもつくだろうからうなずけるが、「小」の方はコッケイな、衛生学である。きたない手で、モノをつかみ出し、そのまま二、三度振ってズボンにしまい——なんで手を洗うのか。神経質な女性にいわしむれば、そんなきたない手でサワッたものを、私の大事なところにそう入しないで下さい——というだろう。

あれは正しくは行く前に手を洗って、すんだら、そのまま出ればいいのである。

ヨーロッパ旅行をした男が、金髪とシケこんで、まずまずトイレにゆき「小」をすませ手を洗ったら、突如、女に金を返すから帰ってくれといわれたそうだ。

この期に及んでなにをいうかと、わけを聞いたら、あんた性病でしょうという。

向こうでは共同便所で出がけに手を洗うやつはリン病という。

「私が口にもするものを、あなたは握っただけで手を洗うのか」と、彼女のいい分であったそうな。

おねうち

名古屋の劇場に盛夏八月の公演である。

表はうだるような、高温度の暑さ、私はプログラムに〝夏は劇場でお涼み下さい。冷房代が加算されているわけでなし、同じ料金で芝居を見ながら――気に入らなければ寝ながらでも、どれほど、こころよい消夏法でしょうか〟と書いた。

昔は、二八（にっぱち）――二月は霜枯れ、八月は夏枯れと、劇場のいちばんいやがる月だったが、いまや、海水浴などに行って、子供はいいが、親はおぼれはせぬかと麦わら帽子の下で汗をふきながら、砂浜でホされ、借りた海の家では洗たくと、めしに追われ、やせ細ってママは大変である。

街の留守宅では、お手伝いさんはノウノウと、うるさい奥さんもいないので、テレビを見て昼寝しているだろう、そんな方たちもふくめて、夏芝居は満員である。

見映えがよくて、安くて、量のあるものを、名古屋では、おねうちという。

芝居が面白くて、涼しくて、世間の憂さも忘れられる。盛夏の芝居はおねうちでないはずはない。

たばこ

暑中お見舞い、私の家にお中元のたばこが一カートン贈られてきた。あけて見たら、なんとなくカビが生えていた。

値上げかと煙草（たばこ）買いしめカビだらけ

昨今は、政策に振りまわされて生きているようなものだ。これをシオにたばこをやめようと思ったのは私一人ではあるまい。ついでに酒もやめ、米もやめ、働くのもやめ寝てくらすか——と思ったのも私一人ではあるまい。

所得税だ、区民税だ、源泉課税だとむさぼり取り、めしを食って飲食税、飲んで吸った酒とたばこになん倍もの高税をかけ、ああたまらぬといいながら、怒りもせず今日をこの国に生きている。

昔、金（きん）の売買が禁止されたときに、売り買いした大阪のオッサンがいたが、警察につかまったときのいいぐさがふるっていた。

「政府のやり方は、猫（ねこ）の目みたいに変わりますが、私は、生まれて今日まで、銭をもうけたいという方針は一度も変えたことはおまへんで、そやからようお上（かみ）についてゆけまへんのや」と。

オシャ

御社からきたのか、劇場の新聞記者の招待日を私たち幕内はオシャという。

今日はオシャ。見れば真ん中の一番いい席にむずかしい顔をして数十人が、笑いも泣きもしないで観劇している。おおむね、いいことを書かない連中で、劇場はタメにお食事、お酒を用意してその労をねぎらい、ちょっとでも客のくるように書いていただきたいと一生懸命である。

聞くところによると、パリでは、批評家はむずかしい試験があって、これにパスしたものでなければ批評は書けないそうだ。新聞記者は、そのときの状態を書くことは許されているが、批評すると大問題になるという。

ある日、ピアノコンサートで、パリ随一の批評家が、これをケナした。ケナされたピアニストは腹をたて、自宅に呼んでカンカンガクガクの大論争となったあと、その批評家がピアノに向かい、ここの感じを、こう表現したらとピアノをひいてみせたそうだ。ピアニストはなるほどそうか——と納得した話が有名だが、それがパリの批評家である。

日本では、見もしないで他の記者から聞いて書くという最低の邪也素人(ジャーナリスト)もいる。

ヤップ島からの壮挙

ヤップ島——かつて日本の委任統治であった南太平洋の群島。いまは国連の信託統治で、アメリカの息の中にある素朴な島。そのヤップから五百キロ離れたところに、サトワルというまだ石貨を使う島がある。そこからカヌーに乗って六人が沖縄海洋博に参加することになった。米国は伴走船をつければ許すと返答。この三千二百キロの台風の産地からの壮挙に、ヤップ島のしゅう長は援助を求めに来日したが、海運局と、わずかな会社が応援しただけで焼け石に水だ。

北斗映画のドキュメンタリーのベテラン門田(もんでん)君が、一人奔走して遂に私を訪れてヨット(ふじやま丸)を、伴走船に貸してくれという。

私は彼の情熱にまいって即座にＯＫしたが、遠洋航海だから改造で大変だ。

土人たちは、見たこともない沖縄まで一枚の帆をたよりに、コンパスもなくいどむのである。太古の方法でパンの木をくりぬき、一本のクギも使わず舟を作り、先祖のいい伝えどおりの航法で乗り切るのである。

映画が出来たらびっくりするだろうが、日本の金持ちはケチだ。ケチというより金の使い方を知らない。恐らくこの記事を読んで何がしかを贈ってくれる人は、さして裕福な人たちではないだろう。国際とか親善を改めて考えなおすばかりだ。

遭難

暴徒をクアラルンプールからリビアへ送るのに、何百人乗りの日航機が飛ばされた。

これほど、クソ馬鹿馬鹿しい話はあるまい。この莫大な費用もおそらく国民の一人一人の負担につながるものだろう。

しかし、せめてもの救いは各国の遭難者たちが無事だったことだ。

それを思えば、過日、金華山沖で遭難したフィリピン船の船員を助けたあと、その座礁船に一匹の犬がいた話を新聞で見て最近の心あたたまる話と——対照的に思った。

一匹の犬を助けに出た浜の漁師たちもさることながら、これをフィリピンに送り返すのに、検疫やエサやら、その手数も費用もなかなかのものだったらしく、それが善意の人々の物心で故国に帰るすがすがしい話が涼風のごとく私をつつむ。

南極に生きていた名犬〝次郎〟とともに犬界の語りぐさだ。

過日、床屋で見つけたポスターに「勇気を出して親切をしましょう」とあった。

親切には勇気が要るのか——。

高校野球

夏日のもと、鉄傘（てっさん）下は、数万の観衆でぎっしりだ。忘我の境で、大衆は少年の熱戦に狂う。キビキビとして、リリしく、ふきこぼれるような青春がおどる。これを戦い——というなら、私は戦いの観念を変えねばならぬ。

負けた少年の目からも、勝った少年の目からも、美しい涙が、甲子園の土に落ちる。

スタンドに、故郷の町に、校庭に、そしてなんの関係もないテレビの前の群衆に、感動と興奮がまた目頭をぬらす。

政戦、商戦、雀戦、賭（か）けゴルフと、いつかこの子供たちが大きくなると、ヘドの出るような、世の中のすえた悪臭の中で汚れるのかと悲しい気持ちさえして、汗と泥とつぶらな瞳（ひとみ）にみいるのだ。

選ばれてふるさとを出、むなしく一戦で去ったチームもあろう。でもいいじゃないか、君たちの敢闘の姿勢が、一瞬全国民を純粋にしているのだ。

サイレンが鳴る。抱き合っている。高校野球を見ながら、ふと芝居のむなしさが私の胸をよぎる。

鵜飼い

岐阜の鵜(う)飼いはなんども行ったが、長良川の上流、小瀬の鵜飼いにはじめて招待された。ここを発祥の地と十六代安達鵜匠は誇らしげに、その大きな庭と古い自宅で夕陽に紅い山や河を前に、冷たいビールをついでくれた。

鵜は、太平洋岸で捕える。実は獰猛(どうもう)な鳥だが、二、三年かかって養成するそうだ。鵜舟のヘサキで十二羽が活躍する。そのトモの方で六羽の新入生たちが実習するのだ。

大水の前には鮎(あゆ)は水をかけるという。つまり油をおとして泥水の付着をふせぎ、二、三日分の餌(え)を食いだめする。だから鮎の色が変わると大雨がくるとおそわった。

鵜は自分の鵜匠をよく知っていて、他人だとスネるそうだ。一年でもちがう後輩が場所をまちがえて先にとまると大げんかをするなど高校生みたいな階級がはっきりしている。

じっと鵜を見て芭蕉じゃないが、さびしかった。大きな魚はみんなはき出され、ヒモにあやつられ、私ら役者とよく似ていた。「鵜は沈み鵜は浮き人は舟の上」だ。

わさび

青いミカンが、はや店頭に姿をみせている。立秋ともあれば風の中に冷ややかな感触をおぼえる。

伊豆の山々が、やがて黄金の玉にみちみちる日も近い。

あることから、伊豆のわさび屋の大旦那(だんな)と知りあったが、どのくらいのわさび棚(だな)を持っておられるのか、なにしろ一本千何百円という高価な代物。びっくりするような立派なわさびをもらったが、長い茎がついているのに驚いた。その茎は二杯酢でたべ、いきのいい魚を、おもたせのわさびでくおうと醤油(しょうゆ)に入れたら、やにわにしかられた。

〝皆さん、わさびを醤油に入れるのはまちがいです。かんじんの香りが消えます。サシミの上にぬって裏を醤油につけてくってください〟なるほどと感心したが、そのリクツはスシと同じだ。

ついでのことに書いておくが、サシミで酒（とくにウイスキー）を飲むのは外道だ。サシミは、あったかいメシにのせてくうのが最上である。

人生

いままで生きてきてなにが一番大損をコイたか――と、行く雲を見ながら夏の山の上で考えた。

四十何年、酒をのんで、酔っては得にもならぬ無頼のケンカをし、ひとを不快にし、悲しませ、おのれもキズつき、しかも酒税をうんとブッタクられ、すべてを小便に流したことか。

意味もなくたばこをスパスパと約八十万本も吸い、胃と肺を、ヤニと、ススでグチャグチャにし、血圧をあげ、ヤニくさいイキで女にふられ、目の出るほどのたばこ税を煙にしたことか。

たった三匹の精子を人間に変えただけで、あとは天文学的な数字ほどのザーメンをたれ流し、クシャミほどの楽しさしかなかったことか。

青春、これを思うと、もうやりなおしもきかぬわびしさが、夏山の上を、黙って飛んでゆく雲のかなしさに見える。

何が百万ドルの夜景だ。

孫

世の中には、私をバカにする人がウンといるらしいが、中でも手に負えぬのが八人いる。これが孫である。一番ちいちゃいのに——。

「この人はダレ？」

「ジジちゃま」

「そうかい？」

「ウーム、ちがうセンセイ」

「そうかい」

「ウーム、ちがうモリシゲヒサヤさん」

「そうかい」

「ウーム、キャベジンだアー」

〇

「お前、こんなむずかしい短波の機械がわかるのか」

「ジジ、いいかげんにしてくれよ、ボク、中学一年だぜ」

私は驚いた。そんな大きいのもいた。

〇

今年六つになるのが玉川学園に入った。入学試問がありますからと親はいそいそとつれていった。

先生が「一郎君、これはなんですか」と聞いたら、

「先生知らないの?」

「先生は知ってますよ」

「じゃなぜ聞くの?」

なんとも、親は赤面した。

孫がかわいいのははじめだけで、二人であそんどるとすぐニクッタラシくなる——と友人にいったら、君に幼児性があるからだと妙な逆襲をうけた。

ワセダ

早稲田第一高等学院に試験を受けて入学したことは事実だ。そして早稲田大学商学部に在籍したこともうそではない。

しかし、学問をしたか、玉突き、ダンス、女買い、芝居に、生きがいを感じていたか、ともかく学校付近に何年かいたことは、友人や質屋や、ツケのたまった飲み屋のオヤジが実証してくれている。

鉄砲かついでオイッチニが、どうにも耐えられぬので、一度も出ないうちに、呼び出しがあり、このツマラヌ逃亡をタテに、やめろという。腹が立って、こんな学校の免状がほしくてきてると思ってるのか――と、さよならした。

五年もいてあと一年やればいいのにと、小心の友が集まって神楽坂でドンチャンサワギの訣別宴をもよおしてくれ、私はさっそく東宝に入った。

あれから三十年ほどたったある日、世に売れた私に、推薦校友という、バカバカしい通知がきた。つまり大学は出ていないが校友にしてやると、恩きせがましいごあいさつである。

いまや、歴史を見てもあきらかだが、退学校友に、あの人があり、この人がいる早稲田だ。

野じめ

鯛は、日本一の名魚であるが、どうも鯛科に属する魚に毒のあるものが多い。海底でなにを食っているのか、あの歯を見てもいい感じはしない。

第一、鯛のさしみなど私はあまりうまいとも思わぬ。昔は鯛なんて、魚屋がやってきて昼のお惣菜に食った記憶があるが、過日、大阪の名料亭で、ブリの照焼きが食いたいといったら、女将が鼻で笑って青魚はうちは出しませんとうそぶいた。イワシ、サバ、ブリは、下種魚という。昔は大阪では赤身の魚も二流品であった、つまりマグロなど下種であったわけだ。

フランスでは、イワシが一等魚で、鯛は最下等の魚だ。鮭は貴重品で一年一度くらいしか食べないという。日本では、毎朝食っているのに。

贈答にササをしいて、鯛を贈る風習がまだあるが、あの鯛はほとんどさしみにはならない。美しい姿のままで持ってゆこうとするからである。

魚は野じめといって、釣って生きているときに、頭に一刀入れて血を出し、シメたヤツなら、身は立派に生きている。キズつけたものを贈れぬ縁起から、まずい魚をくわされるわけだ。

光化学

真っ昼間、ブドウの緑葉がハラハラと落ちる。白昼の怪というか、恐ろしい気さえする風景である。病葉ならばともかく、みずみずしい葉の散るとき、庭に出ると目が痛い。聞けばスモッグの強い日に起こるという。

いかなる現象か、ドラムかん一本の燃焼が二千人の一日の酸素分にあたり、百年もしないうちに地球上の空気は燃えつきて姿を変えるという。

「ああうまいなあ、空気が」と山の上の杉並木で——海の上で私たちはいう。

湘南に住まわせている孫たちを東京へつれてくるとゴホンゴホンとセキをする。ぜんそくの女優さんが鎌倉へ引っ越して治った話もある。

間もなく、銀座四丁目の交番のように酸素が必要になり、ボンベの売れる日が近かろう。

酸素マスクをして国会が開かれ、酸素マスクをして授業をうけ、酸素マスクをして夜のいとなみをする。

「ネエ、あなた今日、ボンベ買いそこねたの、明日にして」——では味気もなかろう。

巨人

この一文がのる日、この「報知新聞」の一面では、またまた巨人が負けているかもしれない。人間は弱いものに味方する。強いときは、好きでもアンチ巨人になるように、近ごろは昔より巨人ファンが多いと聞く。

私もアンチモリシゲがまわりにウンといたのを思い出す。実はいまもいるかもしれぬが、あれは私の運の強いときだ。

なにが巨人の魅力だろう——と聞いて見たが、野球はうまいだけではダメで、スターにならなければ人気が出ませんという。

スターとなるとむずかしい。その人の人間性も要素だ。プレーのさなか、ふと見える心根や、大きさや、根性や、清々（すがすが）しさや、加えて風貌（ふうぼう）もあろうか。横綱になると人間がうんぬんされるように、数万の観衆の目は、勝負と人と、心の中まで見ぬくのだろう。

役者にも、花（華）のあるなしがいわれるが、花ある役者、花あるスポーツマンはどうやら天性のものらしい。

女房

男にばかり好都合なことを書いていると、私の大事な女性ファンが減る。きょうは大いに奥さんがたの肩をも腰をも持ちたい。

つくづくと女房の一日を考えて見た。見たところ、これではきげんも悪かろうと推察した次第だ。背の君ともいうだんなと、なんとなく顔を合わすのが、朝の三十分〜一時間。だんなは会社へ、そして昼めし、また仕事、コーヒー店、夕方、のみ屋、もう一軒、帰りぎわ駅前の赤ちょうちんで、また一杯、帰宅、ふろ、そして、なにもなければ、向こうをむいて寝る。

「私はなんのためにあなたのソバにいるの」聞きたくもなる、毎日である。

せめてと思う、土曜日がマージャン、日曜日は、女房の起きぬうちからゴルフ。この日もとうとう午前さまだ。

気にいらなければ早く別れなさい。でも、どこへいっても同じヨ。

三

造物主

顔と姿にほれました
三日もたてば　あきました
あなたの可愛い親切に
顔を忘れてほれました
あなたのしつこいひとりじめ
私は疲れて負けました

不思議なことに、顔のいい女にかぎって、あのやさしい女らしさが足りない。妙なオゴリがせっかくの女の温かさをかくしてしまうのだろうか。

ブスといっては失礼だが、その娘の心根の美しさにほれぼれしたことがある。

人間の製造にあたって、原価が一定しているのだろうか——。頭のよいのを造ると、どこか別のところで手をぬき、顔を美しくするのに手がかかると、根性の方は、悪い品物をつけたりするにちがいない。

天は二物を与えず——を知って女をえらびたまえ。

上—顔佳し、心佳し。

中——顔そこそこ、心佳し。

下——顔もダメ、心ヒネクレ。

これだけなら簡単だ。これに、情とモノ？　がアルファーとなる。

嵯峨野

浴衣着て残暑の京や嵯峨どうふ

いつも思うことだが、秋は足をひそめてやってくる。夏の疲れのせいだろう。妊婦のように、時々はだるそうにあえぎながらくる。

久方ぶりに京都の仕事。

クリは実り、柿はたわわ。きょうは早めにすんだので日のあるうちに近くの嵐山にゆき、ついでにちょっと曲がって竹の美しい嵯峨の名物どうふを食いにいった。

竹林に鳴くような尺八が聞こえる。

「テープどす。すんません」それで結構。緋毛氈（ひもうせん）の上に竹の葉ごしのこもれ日が、はだら模様にチラつき、氷の中のからしどうふがとけるようにうまい。

冷酒の微醺（びくん）をおびて竹むらをいく。ようやく日の落ちた庭の林の中にロウソクが何十本とチラつく。

道祖神、地蔵のむれが落ちザサの間を埋めている。

水銀灯が庭ゴケを染めると、いっせいに鈴虫が鳴きはじめた。値段から見ても道楽商売としか思えぬ。

悶絶（もんぜつ）する時局の中、草深き嵯峨野の森に悠久（ゆうきゅう）の時が流れる。

これをしも、生きるしるしと知った。

領収書

「領収書を下さい」

キザではないが、このひと言が、気取るばかりにいいづらかった頃が、つい先ごろまであった。また、こんなものをお客に渡すのは失礼だと思った店主も多く、ゆえにドンブリ勘定になって税務署からコツかれた店も少なくはない。

近ごろはなんでも領収書だ。そうそうたる紳士も顔赤らめずにコーヒーをのんでレシートをくれという。私の友だちなど、運転手の心ヅケ、宿屋の女中さんへのチップにも領収書を請求したのがいる。政府のおかげで、人間が利口になり、おまけに勘定高くなった。すでに明治から大正へのあの御大尽ぶりは、某総理大臣をのぞいてはまれというほかはない。

「ちょっと一万円貸してくれ」

「領収書書いてくれるか？」

「お前にもか！」

親友は顔をそむけ、一片の紙キレはくれたが、なんとなく心は遠ざかった思いだ。

結婚

晴れやかな披露宴で、私はいつもこんな無残なことを考えている。年寄りのヒガミが強くなったせいだろう。

なんのために二人の男女が一生をはなれまいと誓いあうのか、それがどうめでたくて、どううれしいのか。

ただ、おおっぴらに二人が寝て、食って、いやでもはなれず生きる約束ごと。

世界にゴマンといる男を、女を、あきらめて残念とも思わぬ両人の晴れ姿。

ある日のテレビで就職の話をしていた人がいたが、一万もあろう日本の会社のたったひとつに、永久雇用の契約が出来たと、鬼の首でもとったように、その夜は乾杯の大めでたし。なにが祝杯でしょうか——と、その人は私の目をあらためて開かせた。

もっとくだらないのは、披露宴の浪費である。加えて引き出物。あの金で両人が外国旅行でもすれば——とヒトのセンキを病むやしきりだ。

かわいそうに、いつも彼らの両親はすみっこでボソボソと皿をつついている。両親には晴れの場ではないのが痛ましい。

父と子

「だいこんの花」というホームドラマで、竹脇無我を息子に私は父親を演った。元海軍高級軍人が、あんなだらしないバカ艦長(私の役)とはもってのほかと、新聞の読者欄でこきおろされた。二、三日あと、あの艦長こそ人間的であり、山本元帥が駅から芸者をおぶってヤカタへ帰った話など知らぬそやつは軍人バカだと、逆襲する人もいた。

私は、どっちもちがっていないと微苦笑して、これを読んだが、世は太平で、昔なら軍人ブジョクで打ち首だろう。

親子、とくに父と子の愛情というか、友情に近い姿は、いまや稀少価値だ。つまりはあのテレビドラマがなぜウケたか、ないものねだり——だからだろう。

どうしたことか、私の近辺にもおやじと息子が仲の悪い話ばかりだ。おやじは死ななければ、息子の中に生きてこないような宿命がある。

不思議なことに、竹脇無我なる赤の他人の好青年との親子は、実の子よりも仲がいいみたいなところもある。

よだれ

若い娘のヨダレが、不老長寿の薬と聞いた。谷崎潤一郎先生の小説では、老人が口をあけて、年頃の娘からたらしこんでもらう話が書かれていたが、成人病の大先生は、娘からヨダレの採取はむずかしいので、牛のよだれから、老化を防ぐ薬をつくられた。

一説、牛のヨダレは漢方で〝牛の転草（てんそう）〟といわれるそうだ。しかも、これがガンの名薬と治療書にある。牛が草をたべて反スウして出した青いヨダレ。飲めといわれても、チトしりごみするほどのしろものだが、とある牛を飼う農家で、これをガンで苦しむ父さんに、焼酎（しょうちゅう）をまぜて煮沸して飲まして、効いた話があるそうだ。

でも医者は信用しないだろう。だれのガンにも効かなければ、あの信州の有名なガン先生のように頭からバカにされるにちがいない。

娘にほれずに、キスして、ヨダレだけいただく法は、牛のヨダレを飲むよりもむずかしい。

ガンに効くかも知れませんので——と平身してたのんでもガンとして拒絶することうけあいだ。

桐

女の子が生まれると桐（きり）を植えた昔の風習がなつかしい。嫁にゆくときにタンスに作るためだ。団地に住む人たちにはなんとも気の毒な話だが、こんな親心もどこかへ消しとんで、子供が生まれるとシメ殺す母の鬼心はどこから生まれたのか。

冬のある日、娘が「ねえ、母さん、こんなガタガタのタンス、ダメね。おばあちゃんのお古もいいけれど、新しく買い換えたら」という。いまどきの女はなにも知らんなと、桐の効用をひとくさり話してやった。

木の中で最も大きな膨張係数をもつのが桐だそうだ。だから冬場は乾燥してスキ間だらけになるのが上等。そのスキ間から冬のカラカラ空気が入って中の着物の湿気を取る。逆に梅雨時は、引き出しも動かぬほど、ふくれあがって、外の湿気を防ぐのである。掛け軸も、いいものはみな桐箱に入れる。ただし総桐でなければ意味もない。

昔の人の生活の知恵は温故知新のみなもとであろう。

栗

八月のなかばに立秋。暑い暑いといいながら、アッというまに秋がくる。

うす緑の栗（くり）のイガが、葉かげからチラリと見えて美しい。

初秋、仲秋、晩秋と、かけ足のように山の向こうからやってくる。

鳳仙花（ほうせんか）の実にちょっとふれると、ピンとはぜて実が飛ぶ。白粉花（おしろいばな）をとって遊んだあの娘も、もういいばあさんだろう。まもなく皇居のお堀の土手に燃えるように曼珠沙華（まんじゅしゃげ）が咲くだろう。

秋は野道の草にも詩情があふれる。吾亦紅（われもこう）のあの赤黒いなんでもない花や秋薊（あきあざみ）、犬子草（えのこぐさ）（ねこじゃらし）、藪がらし（びんぼうかずら）、そのかげに虫が結婚式の絶唱をかなでる。

少年の日、栗をたべながら、これはタネだと聞いて「そうじゃ植えてごらん」と、じいさんにいわれた。半年、一年忘れたままでいたが、ある日、その場所に葉太い緑の芽を見つけた。栗かと疑ってまわりを掘ったら植木ばちひとつほどの立派な根が深い。栗は根を完全に張ってから芽を出すと聞いた。

今は人も、世も、根もないのに芽ばかり出す。

納屋の暗がりのムシロの下で芽を出したモヤシの群れか。

わたりがに

大森海岸のカニ料理は、私たち学生時代には庶民料亭の代表的なものだった。

五円も持っていけば、松浅、沢田屋あたり五、六人で、くい放題くって、ベロン酔いになった記憶がある。聞けば、東京湾のわたりがにには最盛期にはバケツ一杯いくらで、タダみたいなものだったよし。

海面から約一メートルぐらい下を横になって、何十万のカニの群れが、海流にのって泳ぐ。網をおろせば一網打尽だ。

そのわたりがにがどこへ消えたか、いまや、ひとつが千円とか二千円とか。加えて北洋のタラバも禁止されカニかんも品うす、もうじきカニを知らぬ子供らもうんと出来よう。

カニは成長するごとに、あの複雑な甲らを何回かぬぐ。どうしてあの真中の太いつめや、ややこしい口のあたり、スッポリぬげるのか、不思議でならない。しばしブヨブヨのカニがまた、かたまるのだが、私たち人間も、二、三度あかじみた身も心もぬぎすてて成長したいと思う。

永遠に古い甲らにとじこもっているのが為政者や大社長に多い――カニしてほしいと子ガニが泣いている。

斎戒沐浴

刀匠が刀を打ち、いよいよヤキを入れるときに斎戒沐浴（さいかいもくよく）をする。これは千何百度に熱したハガネが、じっとにらむうち、七百何度になってくるそのとき、刀の色を見てジューッとヤキを入れる。その瞬間の温度を間違えると名刀は生まれない。温度計がないころの名人芸だ。

南洋の女を買うと、寝る前に沐浴をしてくる。あのむしあつい寝床にヒヤリとする女のハダが、こたえられない魅力だと聞いた。

この間、その道の大家が好奇心のかたまりを集めて熱弁をふるっていった。君ら男は、コトがすむと、アッチを向いて寝るくらい嫌悪感を感じるだろう。そういうときにどうするか、再び要求に応じるにはこういう手がある。フロ場にいって、頭から水をかぶれ。沐浴は精気一新、再び欲情の起こること間違いない。

中にバカがいて「これはいいことを聞きました」と実行したのはいいが、カゼをひいて、肺炎になり一月もねた。

警察

私はリベラリストだ。

わかりもしないのに主義や思想にこりかたまれぬからだ。つまり、低いやからといわれるヤツだろう。ゆえにこそ警察を大事にする。

ある男にそういったら、お前は警察の犬かとののしられたが、自由のために少々の不自由をがまんするのは当たり前だ。不自由のない自由なんかあり得ない。

じゃ私に警察や警官アレルギーがないといえばうそになる。子供のころから「お巡りさんがきますよ」という母親や祖母の無責任なシツケのせいだろう。

がこれは児戯にも等しい。無警察状態を知らんからだ。私は敗戦の満州で、つまり他国で、その無警察の中で死ぬ思いを何度もした。警官が大きらいというのにかぎって、泥棒に入られ、あわや殺人の目にあい、爆弾のとばっちりをうければ、国は何をしていると、狂って憤死する人間に違いない。ついでにいっておくが、お巡りさんの、こびた笑いやお世辞はかえって迷惑だ。

使用後

使用後はボタンを押して水を流して下さい。横に並んでいる連れションの人たちで使用後に水を流す人は半分もない。

公園もそうだが、使用後に弁当ガラや、紙コップなど、ちゃんと始末するエチケットのないのを見て国民の劣等性を感じた。

お前さんが便所へ行って、しりをふかずに出てきたことがあるのか——いいえ。

いいえというなら、公園も道路もふかずに行っていいのかとしかりつけたい。

ある日、デモの集会のあとの公園を見たが、あんな落花狼藉(ろうぜき)で君らの要求を入れろとはナンセンスだと思ったことがある。

外国では物を捨てると罰金だ。やはり罰を与えなければ、文明人もきれいにしなかったのかとうなずいたが、公徳心やモラルを教えるかたわら、罰やら嘲笑(ちょうしょう)を浴びせて、彼らを翻意させたらどうだ。

わが家の前に、いつのまにか近所のバカが、ゴミや乳母車の古や底ぬけバケツを捨てて行く。見つけて、そいつらの家の前にクソをしてやりたい。

中年

男は四十歳から、女は三十五歳から、はじめて役者の道が始まると話したことがある。

それ以前は、しょせん、タレントはセックスの対象だろう。若い人たちにも芝居巧者がうんといるが、おおむね人は、ええ男や、ええ女やと演技など度外視して、よこしまな想像をし、おのれの欲をかきおこす。

そんな若い日もすぎて、いよいよ世に問われる役者となるには、中年からでなければ無理だ。

他の芸術にしても、事業にしても、ある程度、世にもまれ、いくらかの辛酸(しんさん)を経て、人前に立つ資格が生まれるのではなかろうか。

よくしたもので、女優はそのころになると、結婚して子供が出来、なんとなく生活に追われて、ぬかみそのニオイがする。ちょっと遊びに出ると犬ライターに見つかって、いよいよ離婚かと雑誌の見出しになる。さわがれたばっかりに、ヒョウタンからコマ。いい潮だと別れた連中もある。

ノゾキ見したい気持ちもわかるが、まずあんたが、ノゾキ見されてからにしてほしい。

それでなければ、よき中年の役者は出来上らない。

道

〽すみれ摘む子に　野の道問えば
　今日の行えを　花で指す

古謡の中にあったが、こんな素敵な唄をつくった人にあってみたい。

〽萌える（も）わらびは　ややこ（赤ん坊）のこぶし
　黒馬（あお）よ踏まずに　よけてゆけ

奥の細道をゆく、東北人の心が、あったかくふれるようだ。

道は土でなければ味わいがない。アスファルトは機械の道だ。

山頭火の〝まっすぐな道でさびしい〟この句を読んでどこかの道を歩きに行きたくなったが、私の生涯の道も決してまっすぐではなかった。目的地の見えないまがり道、横道の道草、雨にあい、風や雪に立ち往生し、また晴れてトボトボとゆく。

人間は細い道を通って生まれる。だから道がこよなくいとおしいと勝手に理由づけたが、道は延々として果てしがない。どこで行きだおれになるか、道路やハイウェーなぞと、呼ばれぬところでありたい。

　せめて野草の咲く道で。

衛生

衛生に注意しましょう。

衛生上悪いことです。

私たちは、この言葉を子供のときから耳にタコが出来るくらい聞いた。

衛生上悪いことだらけの話は、有吉佐和子さんの『複合汚染』を読めば、身の毛がよだつほど一目瞭然目を開かしてくれる。

が、私は私なりに手近な衛生のお話をしたい。私は虫歯だらけ、加えて歯槽膿漏で歯がガタガタだったが、ある日、方法を変えて、うんとよくなった。

　朝起きて歯をみがく、長い習慣で気がつかなかったが、こんなデタラメはない。顔を洗うのはいいが、夕べ食った残滓が歯クソになって夜なかに虫歯を進行させている。なぜ夜寝るときに歯をみがかないのか。夜、口臭のない方が、夫婦ともどんなにか楽しみもふえ、衛生的でもあろう。朝はハッカ入りのにおい水でウガイでもすりゃ十分だ。昼めしのあともみがく。

　万年筆形ハブラシを作ったら売れる筈だ。

若者

私の劇団にも、いつも入れ代わり、たち代わり、若い研究生が配属される。

近ごろの青年は、行儀が悪く、口のきき方を知らないと、古い役者は、ことごとに呼びつけてしかる。でも、そんなことより日とともに仕事場の姿勢が身についてきて、みんないい子になるようだ。

舞台へ出れば失敗だらけ、第一あの流行の長髪が、番頭をやったり兵隊をやる。切れといってもなかなかウンといわぬ。チョンマゲのうしろからハミ出た髪を見て、演出家は腹もたたずアキラメ顔だ。

若者は失敗せよ、いたずらに成功するな、失意が人間をつくるのだ。と語っても、さして感動のない顔をしている。勝利感より敗北感が成長への道だと、再び口をすっぱくしても、早くあなたになりたい——という。

何年か経った。そんな仲間と、またも入った新しいヤツといっしょに楽屋で酒を飲んでいると、あのヘナチョコが、先輩ヅラして私のいったことをちゃんと自分の言葉としていいきかせていた。

バカ箱

テレビを「バカ箱」と呼んでいる人がいるそうだが、きびしい揶揄である。

全く最近のバカさぶりは度をこすのもいいとこだ。性来のバカなのか、バカになって喜んでいるのか、バカにしているのか、その辺はよくわからぬが、共産党もきげんが悪くなったようだ。

視聴者はいわば赤の他人である。テレビ局を出て、道行く赤の他人の前ではとても演(や)らぬだろうことを、何かの間違いでやったり、やらせたりしているのだろう。人前にはおのずと限界もあれば、作法もある。

たばこを吸う人はこちら、吸わない人はあちら――と外国では分けられている。吸わない人は害毒にあうのがいやだから、これを拒否する権利がある。なれば、テレビにも、これを拒否したり、否定する権利があろう。

お前がバカなのはいいが、こっちまでバカにするなという建前も通ろう。

こういうと、彼らは見なきゃいいでしょうという。

利口な人の発明もバカに利用されては――とテレビの発明者は、どこかでホゾをかんでいるかもしれぬ。

民謡

木曽川をのぼりつめ、中部山脈の分水嶺を宮峠(みやとうげ)。これを下ると飛騨の高山である。

この山深い里の高山音頭が、私は大好きな民謡のひとつである。

〽高い山でも登れば下りる

コリャ　コリャ
わたしゃ　あなたに登りきり
チョコマイト
〽もうし兄(あん)さん　ヤタテが落ちる
ヤタテ落ちねど　顔見たや

恐らく昔、この山里の娘ッ子は、街の香りを行商人に見つけたのだろう。イナセな姿で矢立てを差し、ビンツケでなであげたチョンマゲが怪しくにおう。その都人を呼びとめる風情が、まるで四行の中に息づいている。

〽宮の八兵衛は酒すきで
酒を三杯でカカかえた

こんなごやかな歌を作る山家の人がうらやましい。

〽起きて　沖見りゃ　沖や白波や
主をやらりょか　あの中へ

これは有名な熊野灘・尾鷲(おわせ)の廓歌(くるわうた)である。

ひじき

ひじきは昔、貧しきものの代表的なおかずであった。海の雑草なるがゆえにか。くわしくは知らぬが、カンゴクのめしは、玄米とひじきが代表的だった話を聞いた覚えがある。が今は、料亭の小ばちに堂々たる一品となった。

私の親しい友人に、かくれた九州女流文学の奇才、石井水脈さんがいる。過日、対馬のはなれ小島のひじきを贈ってくれた。そのそえ文に〝たった六軒しかない賀佐という島は平家の落ち武者の村で、そこにひとつ大きな碑があり――われ美人なるがゆえにこの悲劇あり、この島より美人の生ずるなかれ――とある。うらがなしい歴史を秘めたこの島の八十の老婆が干してつくったもの〟と書かれてあった。

彼女はここに何の意か、小さな橋をかけ水脈橋と名づけた。この心も知りたい。

ひじきは、甘く、からく、八十年の老婆の生涯と、故知らぬ美女の悲劇と、耶馬台国へと渡った舟人の潮の香をさそう。

ちなみにひじきは、アルカリ食品の雄であることをつけ加えておこう。

ミイラ

ペルーの旅で、一番驚いたのは、ミイラの陳列館だった。

そのミイラが日本にも送られてきて過日、解体の模様を見たが、開きもしないうちからタレントが、サクラよろしく、大げさにこわがったり、もったいぶってなかなか見せなかったり、あんな時は黙ってやる方がうんといいと思った。

何百年か千年か前の、その人は、さぞや迷惑がっているだろうと気の毒な気さえした。あれだけ年月がたつと、霊魂がいない扱いぶりがおかしく悲しい。

ミイラ取りがミイラになる——。これは、サハラ砂ばくのような六十度を超すところで脱水病になり、ひからびて死ぬと、砂に埋める。ところがこの人間の干物が精力剤になると、砂を掘ってさがしにゆく欲張りがいて、それがやがて同じようにミイラになるからだと聞いた。

真偽のほどは知らぬが、なぜか、いわしの丸干しがあれからあんまり好きでなくなった。あの目のところがフッとこの間のテレビで見たミイラさまの目を思い出させるのだ。

群衆

エレベーターの前で一人私は待っていた。やがて、とびらが開いてドッとおおぜいの人が降りてきた。

すると不思議や私におじぎをする人が半数ほどいた。どなたかナと一瞬とまどって、私も返礼したが、ふりむくと、その人たちは「いやいや、ファンです」といって去った。

突然にパッと顔を合わせると、急にテレビの広告の顔や、テレビドラマの顔がいるので、ついつい親しさを感じてあいさつをいただくのだと善意に解釈した。

ロケにゆくと、田舎の善男善女が私をとりまく。どこからかいつの間にか集まる。尿意をもよおした私はどうすることも出来ない。ついに群衆の目をかすめ近くの竹やぶにかけこんだ。

時代劇の衣装は、チンの出し入れがなかなかの困難である。それでもホッとして小気味のいい放尿をしていると、

「おい、モリシゲ、ここにいるぞ。長げェの、まだすまんのかのう」

ガキの目が竹の間にいっぱいいいる。女優はこれがこわくて我まんするからボウコウ炎が多い。

乳（パイ）

わたしたち大正っ子は母のふところに手を入れてお乳をまさぐり引っぱり出し、吸いもしたが、もてあそんで乳児から幼児へと大事な三つ子の魂を育成した。

私の場合は、母のばかりでなく、甘グリのような乳母の乳もすい、スッパイ、すえたような髪のにおいと一緒におぼえている。

当時は、電車の中でも道ばたでも母人は容赦なく胸をはだけ求める嬰児（みどりご）に乳を与えた。やさしい母、美しい姿と思うだけで、そんなものをのぞき見する人間はなかった。

最近の深夜テレビで、何の変哲もない乳乳（パイパイ）を、さも大仰に見せてやると、しりをくねらし、手品師がハトを出すように、うす絹のあいだからポロンと出したりする女のバカさにはあきれかえる。あんなホクロのおばけみたいな――まわりにサブイボの出たような肉塊を見て何の感興がわくものか。あれを見て、グッときたというが、私はオフクロを思い出すだけだ。いまの子供は乳牛の八本もあるソーセージみたいなのを見て母を感じるのか――。

とまれ、私たち男にも乳頭はある。ふくらみも少しはある。

女はもったいぶるが、男はそれを堂々と見せて、水泳日本新記録をいくつもつくった。

四十周年

四十年。舞台から始まって、放送、映画、テレビと夢のようにすぎた。

二十二歳から六十二歳まで。

山田五十鈴さんも四十周年、この人は最初から大役、主演だ。私は馬の足から始まる。同じ四十年でもだいぶケタがちがう。

昭和十一年、大学生のまま東宝に入り、親せきのキツイ要望で、役者でない部署にというのが、日劇の舞台課。こっそり舞台進行をやりながら、藤山一郎さんと渡辺はま子さんの舞台に出てしまった。

朝鮮の生んだ世界的舞踊家、崔承喜さんの裸も楽屋ぶろで見た。日劇のまわりのへいから小便したさに地下四階に落ちて死んだ漫画家の悲しい姿も見た。

東宝の歌舞伎――寿海、勘三郎、三津五郎、団十郎の若い日といっしょに私は馬の足もやり、ロッパ一座でバクチも覚え、ＮＨＫのアナウンサーを受け、満州の放送生活。終戦からの三十年。その私にも華が咲いて、拾った命が来年は絢爛（けんらん）四十年の幕をあける。

いま、脳裏に去来するものは、すでに物故の友だちのあの日の姿だ。

コーヒー

東京ではコーヒー、大阪ではコーヒ。中身は同じだが、カフェ、カフィーということか。

会社員というか、サラリーマンというか、この人たちは、商談と称して一日何杯コーヒーを飲むのだろう。

理解に苦しむのは、なんで番茶や水で商談が出来ぬのか。うどん屋で、そば屋で、ツルツルすすりながら、やったって悪くはなかろう。酒を飲んで酔わして、ウンといわせるのはわかるが、コーヒーは話が長くなるばかりだ。カフェインとて知れたもの。

一日に十組商談して、コーヒーを飲みすぎ医者通いした課長もいる。糖尿の部長もいる。キリマンジェロ、モカ、ブルーマウンテン、驚いたことに紅茶キノコまで置いてる店がある。

一杯のコーヒーで恋が生まれ、別れ話をし、何千万の取り引きに成功し、失敗する。コーヒーとは効否（こうひ）の意か。

笑死

私が人を殺したといえば、読者はあ然とされるだろう。しかし、これが殺人か過失致死にあたるか、明晰（めいせき）な裁判官に聞くしかない。

何年も前になる。某劇場で抱腹絶倒の喜劇〝春団治〟を、宮城まり子さんたちと演（や）っていた。ところが、その幕が終わったとき、暗い客席が騒然となるのを感じたが、いまの芝居の上出来と判断した。翌日、実は昨日、笑いころげて、発作でお客が死んだと聞かされた。

老婦は芝居好きで、すでに二回も見にきており、そのときは近所の婦人をさそっていた。その婦人の話では「まあ、おかしい。たまらないわ」といって笑いながら、目をつぶったという、日ごろ、心臓の悪い人だと聞いたが、私の心は曇った。大往生か、安楽死か、はたまた殺人か、いずれにしても笑死は私に関係がないとはいえない。

嫁

華やかな結婚式。そして女に家というものが出来て「嫁」になる。

でも私はひどく懐疑的だ。果たして、ほんとの嫁になる女が、何十%あるかということだ。というのは、嫁さんらしい嫁さんに出くわすことがまったく少ないからである。

こんな女じゃ亭主も泣くだろう——と思ったり、この人は女事業家にでもなればよいのにと人生を踏み間違えたような女にあったり、女将（おかみ）さん向き、ホステス向き、女王気取りの悪妻。逆に、芸者や、ホステスや、飲み屋の仲居さんなんかに、これぞ人の妻にしてやりたい良質の女を発見する。

嫁さんを商売としちゃ申しわけないが、これほど、むずかしく、つらい商売はなかろう。

じゃ、どんなのが理想的な嫁さんか——ということになるが、これはウカウカ書けない。私のキライな中ピ連などにねじ込まれたら、人のいい私などひとたまりもないからだ。

顔がちょっと、ととのってはいるが、愛嬌（あいきょう）のない、向こうっ気の強い女など、嫁はんのカス、一生の不作だ。

衣装

芝居の重要な部分に「衣装」がある。

顔は大したことないけど、衣装がよかったね、とか、踊りはともかく衣装にうっとりしたとか。

明治のころは——大正時代は——あんな衣装はありません。半襟（はんえり）もちがいます。と、いろいろうるさいおばあさんの客もいる。

最近の研究生で驚くのは、左前に着物を着てくることだ。お前は死んだのか！　とか、親は浴衣も買ってくれんのか！　とどなられる。この赤いキレどうするんですと、衣装屋のおばさんに聞いて、あんたケダシも知らんの、洋服にしな！　としかられている。お腰も知らぬのだ。長じゅばんはおろか、帯も帯〆もさわったことのない娘が芝居をしたいとやってくる。

「パンツなんかはいて出るな」と先輩におこられても意味がわからない。うしろ向きになると腰のところにパンティーのスジがクッキリ見えて色気がないのだ、と教わってもはいて出る。その故か行儀の悪い足だ。無理にぬがすと始めて動きに色気が出る。

私の衣装がない……と、大あわてで引っくりかえしてさがしているストリップ劇場。それは小さな三角の前かくしだ。あれも衣装か！

標本

親父は爪に火をともすようにして、働いた。母ちゃんにも青春はなかった。アカギレから血をふかせ、父ちゃんは三食を二食にし、二食を一食にへらして働いた。ある日、なにかのチャンスがきて、金が出来、ライオンと呼ばれ、続いては時計の歯車をつけてロータリヤンと呼ばれるにいたった。

息子も娘も、父の過去はよく知らなかった。あまり昔の話に身を入れることも、両親は子供たちに恥ずかしいのか遠慮した。

息子は、道楽にゴージャスなバーを作り、娘は、自分が着飾りたいために、目をうばうような洋装店を父の顔でいい場所につくった。でも二人とも働かなかった。友だちへの見栄ばかりだった。カッコいいはいつの間にか、閑散として、売り店舗と書かれ、カッコ悪いに早変わりした。唐様ではなく英語で For Sale——同じことだ。

息子も娘もなんの痛痒も感じていない。親父もおふくろも、若いからしょうがないと、なんの反省もない。

これはテレビの筋書きではない。日本バカ家族の標本である。

ふか

ふか——漢字でかくと魚を養うと書く。

過日〝11PM〟でも、グアム島の釣りで大きなまぐろが頭だけ残して、がっぷりふかにやられていた。

秋には、映画の方向も変わって、アメリカはポルノ、ギャングから、猛魚との闘争ときた。

ある日、私たちのヨットは波浮の港にいかりをおろした。隣に鹿児島のまぐろ船がいて「森繁さんよ、いっぺん、この船に乗ってまぐろのハエ縄を見んか」という。いいだろうと返事して、さっそく乗りうつり太平洋に向かった。約三時間程走って、ブイがおろされハエ縄が始まった。

約五マイル、冷凍のサンマをつけては、縄は流れる。二時間休ケイで夕食、ライスカレーをごちそうになり、いよいよ引き揚げだ。なんとバラクーダ（大がます）にふかが主だ。たちどころに頭を切るが、なお近寄ると、ハネられて大けがをするという。セキ髄からふとい針金を通して髄をぬいてやっと静まる。このヒレがわしらのボーナスよと——ブリッジに干す。

これが中国料理のふかのヒレである。つまりはふかに養われていることになるか。それにしても、なんとも執ようで口をあけたらゾッとする。醜魚のフカ情けか、美味(うま)いところもある。

酔

酒はだれでも飲めば酔う。

笑い上戸、泣き上戸、歌う、しゃべる、けんか、からみ酒、酒乱にも多種多様だ。

昔から、一に友、二に酒、三に肴(さかな)というが、酒にうまく酔うためには選友が第一条件だ。悪いのしかいないときは一人がいい。

一番、うまく、かつ、面白く飲む方法は、一人実在のいやなヤツを話題にあげて、この共通のワル(悪)を話のタネに宴をはることだ。ただし、ワルは不在でなければならない。烏合(うごう)の衆は酒とともに迎合するや妙。酒の酔いは、不思議や、人間を大胆に見せかけるが実は小心にしている。その小心が言葉じりに引っかかり、粗野になる。

つづいての方法は、ベンチャラ酒がいい。やたらとほめあうのである。これはいい効果がある(得もする)。くさしあってうまい酒など飲めるはずがない。損がつきものだ。

けんか、論争、商談はシラフが一番、酔いの言質などあるわけがなかろう。

男女は酔ってつながるのはいいが、その次も酔ってあわなきゃ、前とつながらないとおぼえたまえ。

からす

からすなぜ鳴くの　からすは山に
可愛(かわい)い七つの子があるからよ……

詩人にかかるとからすも美しい善良な鳥だ。昔は、あいつはからすだ、三つぐらいしか勘定が出来ん——といった。生んだ卵の数もわからぬものが、詩人にかかると七つの子と教育が行きとどいている。

実は、こんな悪い、恐ろしい鳥はない。皇居の森に住んでいるのが、腹をすかして、急降下、サンドイッチを盗むと聞いたが、知床のロケーションで一発散弾をぶっ放し、一羽落とした瞬間、二十羽ほどに私はおそわれ、漁師小屋に飛んで逃げたことがある。

ある映画の最後「喪服を着たからすたちはすでに息絶えんとする彦市老人の上にきて鼻息をうかがった」——というところがあり、私が氷の上にぶったおれている上を、一羽のからすが顔の上に乗るのである。

よく飼いならしてますから大丈夫ですというが、目玉をねらうそうだ。ハシブトからすは鼻の上でなにか考えている。私は死んでいるから手も出せなかった思い出がある。

家の庭に、そいつの親せきらしいのが、まだか、まだかと、催促(さいそく)がましく飛んでくる。

健康法

病は胃から――というが、なぜ日本人に胃病が多いか。年よりが、背をかがめるのは体をまげて胃を圧迫してれば楽だからだ。

浜口庫之助君。彼は頭のいい――というよりすぐれた合理性を持つ芸術家（作曲家）で、彼との長旅にいろいろと博学を身につけた。

健康をまもるためには、本能（食いたい）と戦うだけではダメで、日本伝来の美風といわれる風習に反逆する精神力がいるという。

つまり、一つ、出た料理はみんな食わねば失礼だ。一つ、一ぜんメシはエンギが悪いからとすすめる先方に乗る。一つ、ごはんを残してなんです！　目がつぶれますよ――にさからうのだ。

すべて、自分の意思は、これでいい、十分といっているのに、昔の貧乏グセの、もったいないと――、食べ物を粗末にしないためのシキタリが体をいためる。せっかくのもてなしも食い意地が、胃に無理をさせ、暴食においこむ。ビフテキがいくら高くても、一片で胃と相談してやめる勇気が必要と教わった。

なかなか出来ないことだが、三食分食いダメする胃は牛でない人間にはないのだ。

かつら

街角で立ち話をしていたら、強い風がサッときた。たばこにはこんだマッチが消えた。顔をあげた私の前の男は丸ハゲになっていた。せっかくのカツラが飛んだのだ。私は彼のために、話をやめて、いち早く失礼した。

一本一本の毛を網に植えるかつらの仕事は日本人の特技だ。毛は主に中国から輸入される。私はテレビで白いかつらをかぶるので、菊の宴によばれた黒い頭の私を見て天皇は見そこなわれ、入江侍従の「これモリシゲです」にやっと「アソウ」と笑われたが。

かつらが悪いと芝居がどうもうまくゆかない。化けそこなっているようで変に落ち着かないからだ。私も何度か、かつらを飛ばした。役者はサル股が落ちた以上にはずかしい。

某女優が、盲腸炎になった。撮影所の悪童たちが、なにかお見舞いをと考えたが、シャレッ気の多いTが、かつら屋にたのんで三角のチヂレ毛を桐の箱に綿をしいて、うやうやしく持ってきた。ジャンケンに負けたのが病院へ持参した。つきそいのおっ母さんは顔を赤らめ、寝ている彼女に見せた。ギョッとして大笑いした彼女は、せっかくぬった盲腸のキズの糸が切れた。

電話番号

昔、ターマンの実際的、個別的、知能測定法というのを読んだ記憶がある。

ターマン博士の諸説は、さっそく、メンタルテスト——という言葉に置きかえられて、私たちの少年時代をなやまし、面白がらせた。

そのなかに、知能は十六年×月でとまる。それからあとは、知識と経験が、その知能によってタントふえたり、ふえなかったりするそうだが、知能のひとつ、記憶力のテストに数字暗記があった。いまから七数字をいいますから、いい終わったら復唱して下さい。その問題がすむと、いまから七数字を読みあげますから、逆にいって下さい。というのがあり、次が八数字をまともに復唱するのが最後の問題であった、とおぼえている。

私は、最近どうしても、電話番号がおぼえられない。家のも忘れる——ので、モーロクがきたと思ったが、もっとひどいのは十数字の局がある。それ以上は知らぬが、十も数字を覚えられるか電話局ヨ——といいたい。

七九七四（ナクナヨ）—八八（ババ）—〇〇七四（マルマルナシ）　このおぼえかたですら忘れる。

頭重

この間、糸川英夫さんの『逆転の発想』を読んで、急に目がさめたり、たちどころにエラクなったような気がしたが、その中に、四つ足と立って歩く人間との構造上の欠点が指摘されていた。

要するに四つ足は建築の基本四本柱と梁(はり)で、どんな重いものでも腹に入れられる。ゆえに生まれた子供はすぐに立って歩くが、人間は立っているがために、十カ月でひねり出す。ゆえに一年は歩けない。人間も二十二カ月入れておくのが正しいと——そんな論法だった。

人間は立って歩くがゆえに、他の動物にくらべてウント病気が多くて医者がはんじょうするのだとも聞いた。人間の「頭」というものは、ものすごく重いもので他の動物と比較にならぬくらいアンバランスで、しかも中の脳ミソが、からだの発育より先行する。ゆえに体力未成育でも、その重い頭を背骨という一本の棒の上に不安定にコロコロさせながら、木登りや自転車乗りや運動会をやる。背骨は大地にこれをささえるものでなく神経のパイプみたいなもんだから、方々が痛みギックリ腰や、ムチウチがおこる。

会議も国会も、ベッドに寝ながらやれば、ハリや灸(きゅう)やマッサージはうんと少なくてすむし、名案も浮べばゆっくりねむりも出来よう。

原節子さん

今や神秘の女性となった人。

私は二本の映画をご一緒した。ひとつは、故中野実さんの名作「ふんどし医者」。品のいい女房がバクチ好きで、亭主の医者はニヤニヤ鉄火場で女房の負けっぷりを見ながら、てめえの衣装を一枚一枚ぬいで裸になるのだが、世紀の美女のそばで毎日ふんどしひとつでいるのが、最初はつらかった。が、私も慣れ、いつかむこうも慣れた。

節ちゃんの照明は、慎重をきわめ、露出計で何度も計りなおし大変だ。ある日、シャレに、オレも時々キカイで計ってくれよ——といったが、照明の親方は目を細めて私を見、「だいたいいいよ」とつれない。

私は毎日、彼女の横でHな話もうんとした。別にいやがりもしないでめずらしそうに聞いている長いマツゲの目が美しい。

ふたつ目の映画は「小早川家の秋」で小津巨匠の宝塚映画、私と二人、飛行機に乗って関西へ行った。その機中の二人きりがなつかしく思い出される。何を話したか、私はたやすく語りたくない。

通訳

東条さんが戦犯で巣鴨のプリズンに入牢中、付き添いのアメリカ二世に腹を立て、「貴様を生んだ親の顔が見たい」といった。後年、彼はハワイに帰り両親にこういった。「ゼネラル東条は、僕を生んだママやパパの顔が見たいって……」人のいい一世の老人はその言葉に感泣したとか。

過日、陛下訪米のみぎり、フォード大統領との晩餐会で「あ、そう」だけのお答えに、大統領もまいっていた、と新聞が伝えた。

私は英会話など、堪能ではないが「あ、そう」も、心して訳せばひとつじゃないだろう。

Really

Well
That right
Oh good
Is it
It was
Certainly

私でもこのぐらいは知っている。ひとつひとつ、ニュアンスもちがう。あの寡黙な方の真意をもう少し上手に伝えてほしいと願った。

人を駄目にするような通詞は、明治、大正で終わったはずなのに。

男女同権

女を馬鹿にするようないい方はよせ――と、八十歳のカクシャクたる白髪のおばあちゃん議員は声高らかに叫んだ。

男女同権のタテ前は結構だが「あげてよかった」「あなたにあげたい」は、かわいい女の願望だと聞くは男の行きすぎか。「いただきましょうあなたを――」と歌えば、ていねいすぎて女を馬鹿にしていることになるのか？　腑に落ちぬ。

「あんた食べる人、私作る人」時々交替してもいいし、何処がわるいんだろう。

うちの女房を昔から「お前はね」といっていたが、私はあれから恥ずかしい思いがして、とつじょ「アノ方ハ」といいなおしている。親愛の度はうんと減ったがこれでいいのだろうか。

めくらはいかんというので目の不自由な人とテレビはいわせる。めくら判は、目の不自由な人が押す判――では意味がまるでちがう。この机、片ビッコもいかんという、この机、脚の長さがマチマチで――これでもいかんかも知れん。

あんまはあんまで、役者は役者だ。侮辱ととるは、卑屈のあらわれではなかろうか。おい、あんま、おい、役者は許せぬが、あんまさん、役者さん、ちっとも悪いと思えぬ。

インターナショナル

粋がった売れっ子のタレントにあった。
小さなヒマを幸い、次のような質問をした。

帽子は――イタリア（ヴォルサリノ）
頭の香は――アメリカ（ブラッジ・BRAGGI）
ひげそりあとは――アメリカ（アラミス）
眼鏡は――ドイツ（宣伝になるから以下略すが）
ネクタイは――フランス
時計は――スイス
指輪は――香港
首の鎖は――メキシコ
ライターは――フランス
洋服は――スコッチ
ベルトは――カナダのヒッピーから
シャツは――イタリア

クツは――スイスのヴァリー
クツ下は――イギリス
財布は――オーストラリア（オーストリッチ）
カバンは――イタリア（グッチー）
下着は――はいてない⁉
じゃ、ついでに聞くが
入れ歯は――近所（やっと日本があった）
朝めしは――みそ汁とパン

ひとつ気に入らんな、顔も外国にしろ。

アメリカン・ヤング

この前、日本の若者の代表みたいなシャレ者に持ち物を聞いておかしかったが、顔以外は全部外国ものづ飾っていた。
ついでにアメリカ人に質問をしてみた。

車は――フェアレディ（日本）

時計は――セイコー（日本）
カメラは――ナイコン＝ニコンのこと（日本）
ラジオは――ソニー（日本）
テレビは――パナソニック（日本）
はき物は――ゴムゾウリ（日本）
携帯無線は――（日本）
オートバイ――（日本）
シャツ――（台湾）
クツ下――（韓国）
昼めしは――カップヌードル（日本）

日本人は外国製、アメリカ人は日本製。

ハイカラというか、おしゃれは自国製品をバカにすることか。


有名ホテルで、めしをくれというとライスですか？　水を一杯というとワンウォーターとぬかす。

腹が立って、バーで日本酒くれといったら「ナイ」という。

どこの国だ、ここは。

ＰＲ

ゆく秋の海は美しい。

相模湾——三浦半島が都塵（とじん）から一時間半。ついでにＰＲになるが、私のやっている佐島マリーナからは富士が美しく、大島が絵のようだ。このホテルも食堂も穴場であると自負する。

相模湾をひとまたぎすると東伊豆である。東伊豆は熱海、伊東、熱川と名だたる温泉郷があるが、魚釣りの好きな私は、いつも真鶴、網代（あじろ）、初島あたりにゆく。

魚釣りに狂宴は不要だから好んで民宿に泊まる。不思議なことに、手のたらぬ民宿には、家族ぐるみのぬくもりと安らぎがある。

裏の山のミカンをしぼったジュースだよ、バアちゃんの作ったマンジュウだよと、チップほしさのサービスではない。

ちなみに書いておこう。網代の民宿「いなほ」、真鶴の「原忠別館」、初島の「金久」。すべて大漁だったのでキゲンもよかったから推薦する。

秋は素人にも百メートルも深い海の下から魚信がくる。

美人

世に、美男美女の存在することはうなずけるが、その基準は、どこがどう——とは、まったく不明である。

世界美女コンテストでもアイマイなもんで、美しいより好き、きらいが審査各人の基準と見た。

外人を見ると、ヘン平顔の東洋人のコンプレックスは、頭もいいのか——とまで曲解する。

アメリカにはアメリカの美人がいるが、日本にも日本風の美人がいる。日本で外国くさいのが美人とは、いみじくもコッケイだ。

ところが、日本の美人に心が美人でないのが多い。

顔は表看板みたいなもんで、店に入っておいしくない料理屋があるごとく、表は大したよそおいもないが、入ると主人の心が、すみずみまで行きとどいて、居心地も味も抜群な店がある。狗頭羊肉というか。

あんな二枚目があんなシコ女と夫婦であるゆえんがここにありそうだ。

だれかがいったが、美人とのセックスは味気ない。その美が思わぬ醜と化すからだと——。

便所

社長さん、部長さん、課長さん、店長さん、先生さん。

あなたが、ご自身の訓示の成果を聞きたいと、もしもお考えになるなら、その演説の直後、いち早くトイレの「大」の方にお入りなさい。間もなく小便にきた連中が、ツレションの同僚に大声で「何でェ、ありゃ、あんなことといってるから古いよナ」とか何とか。意外にシンラツな、あなたへの批評を聞くことが出来ることうけあい。

放尿は人を解放的にする。もっともウンチの方は思索的だが。

うちの祖母は着物をぬいで、はばかりに入った。においのうつるのがいやだったらしい。いまだ京、大阪に残る風習のようだ。

わが家の便所に、ある日、論うん集というノートを置いた。私はここにせがれの不行をやっつけた。翌日、はげしい反発が下手なせがれの字で書いてある。再び鉾(ほこ)を向ける。客人が、それへの注を書く。便所でのコミュニケーションだ。

ところが、時おり、朝のたてこみに出てこぬヤツがいる。ノックすると、「すんだけど、いま、執筆中だ」とぬかす。クソッタレメが。

呼吸

剣道の達人に、相手のドコを見て打ち込みますかと問うた。

剣のキッ先ですか――いいえ
相手の目ですか――いいえ
どこです？　相手の息です、という。

笑う呼吸は出す息。泣く呼吸は吸いこむ息で、はく息は常に強い。

犬にほえられたとき、大笑すると犬はシッポをまいて逃げだすという。つまりはいてるときにはスキがなく、吸いこんでいるときにスキがあるということらしい。

アメリカのセールスマンは、相手とイキを合わすと成立すること八〇％と教えられている。

金を借りにきた男と、呼吸を合わさないと絶対に大丈夫だ。

国会の答弁がこの手か！　芝居にもイキが大事である。このイキは呼吸と簡単にかたづけられないが、イキの悪い役者との芝居は、こっちもシラケ、客もシラケることまちがいない。

無頼

たった一人で、旅の街の露路の酒場に入った。――何かあるだろう――役者の欲からだ。

しばらくは一人で、耳なれぬ土地の言葉の重なりあう隣のテーブルの声を聞いていた。

やがて目つきの悪いのが、ひとり――、

「あんたモリシゲかヨウ」出てきた。

「そうだけど」

「いばっちょるナ」

「そんなつもりはないが、そう見えたらオレが安っぽいんだ」

「どこかへ、つきあおうかヨウ」

「遠慮しよう、オレは一人で飲みたいから」

「この野郎、生意気な、おい先生！」
四、五人が私をかこんだ。
「普通ならこのまま引き下がるのだが、ひとこといおう」

相手はケシキばんだ。

「面白れえ、聞けっちゃ、みんな！」

「群れを作って、たった一人のオレに向かうのはよせ。オレは紋次郎じゃないから、ひとたまりもない。一人と一人で話がしたい」

表に出ると旅の月が澄んでいた。虫もないていた。

その一人はまるで心の弱い一人だった。話は終わった。私は帰った。

日本人の悪いクセだ。二人以上になると徒党の無頼と化す。思えば、昔の兵隊も、それの大きいやつだった。

落花生

花落ちて生まれる。

だれがつけたのか、うまいいいまわしだ。

南京豆、ピーナッツ、あまりゾッとしない。

先日、ピーナッツが引退の宴をホテルの大広間で開いた。少女だった二人は、もうおばさんと子供にいわれてもいい年になっていた。

今日出海さんの名スピーチに、来客は笑った。

「私が初めて会ったのは、イタリアのローマで、私は大使館にいて一杯飲んでいる時でした。いま、ピーナッツがついたと館員が私にいいました。わざわざ、どこから送ってきたのか、ちょうどいい酒の肴(さかな)だと思っていましたら、美しい双子の女の子でした」

ビニールの袋に入った、むいたヤツも、油っぽい渋皮のついたのも、下の下だ。落花生と書いた双子が皮に入ったのが一番だ。

あれを割って、水割りを飲むのが最高である。意外と食いすぎないし、飲みすぎない。いちいち割るのが面倒だから、いい間合いである。総じて何豆でもうまい。

〽馬鹿なことした去年の夏に
　　ならぬ落花生（おまめ）に手をくれた

ひなびた民謡だが、味のあることをいう。

あいさつ

芝居の世界にはまだ、旧態といえばそれまでだが、ちゃんとあいさつがある。

楽屋に入ると「お早うございます」

帰るときには「お疲れさまでした」

初日には「初日おめでとうございます」

千秋楽には「千秋楽おめでとうございます」

ていねいな人は目上の相手役の部屋にちゃんと顔を出して「よろしくお願いいたします」という。

古いとはいえ、行儀のいいことに、だれも悪感情をいだくはずがない。

都営地下鉄・高島平の駅に、ためしに降りてごらんなさるといい。

駅員が「お疲れさまでした。気をつけてお帰り下さい」とすがすがしい思いにさせる。朝は「行ってらっしゃい。気をつけてどうぞ」と。

乗った乗客は、出がけの女房のブッチョウ面を洗い落としたような顔をしてにこやかだ。

何でもないことだが、会社も学校も、家庭も、「お早うございます」もなければ、「ありがとうございます」「ハイ」もない。

多分、死んでも知らんかおしているに違いない。ああ、いやだ、いやだ。

話上手

世に話上手（じょうず）がいる。

私も何を間違ったか話上手の中に入れられる時がある。

しかし、話上手というのは、一人、面白い話をペラペラしゃべる奴をいうのではない。

その話が、聞く人にポンとあたって、心地よくはね返ってくることをいうのだと思う。故に話上手には、必ず聞き上手が必要である。日本人は話上手も少いが、概ね、聞き下手（べた）である。反応しているのか、いないのか、第一、分っているのか、おかしいのか、おかしくないのか、笑いもせねば、手も叩かず、顔色一つ変えず、話す人の顔を真直ぐ見ている——気味の悪い顔だ。時には、だまされまいとしている眼つきさえ見えてしようがない。

話はキャッチボールだ。投げた球は、たくみに受け止めてくれて送り返してくれねば、次の球はほうれない。

こんな聞きべたなところに、話し上手が生まれる筈がない。生まれたら天才で、そんな時があったら天変地変の時だ。

新人

ＮＨＫを始め、テレビ局へ行ったとき、よく豪華プロのスタジオをのぞく。いまや、局のお力で売れっ子になった主役にあうが、だれ一人としてあいさつをしたヤツがいない。もはやてんぐの最中。オレを知らんのか——といわんばかりの鼻息だ。

間もなく、そのプログラムが終わりを告げ彼は他局に売れる。売れたがさほどのいい役ではない。でも相変わらず鼻柱が強くてきらわれ者だ。当の本人は、さっぱり気がつかない。

それから間もなく、私たちと仕事をすることになる。少しは世間の波風もわかったのか、あいさつをするようになる。

新人はこうして出来あがってゆき夢からさめる。

古い名優が士方の格好で控室にいた。ドヤドヤと入ってきたエレキの小僧どもがチラリと氏を見て「やべえなあ、荷物ロッカーに入れろよ」といったという。

数々の名映画を撮ってきた老名優は時代の移り変わりに、後年の不しあわせをかみしめたと私に話した。

そういえば、昔、私もそんな無礼をあちこちでしていたかと心を暗くした。

匂い

ナポレオンがチーズをくいながら、愛妻ジョセフィーヌはどうしているかな……といった話は有名だが。

「酒と女」これはいいとして、もうひとつ、つけ加えるなら肴（さかな）である。

酒のみは不思議に香りをえらぶ。そして、おおむね、そのニオイが何となくゲスなものを好む。いわく、くさや、チーズ、ギンナン、しおから、アンチョビー、でべら。

どれもこれも、そのにおいはある種のものに連想が走るにおいだ。

識者がいうには、欧米の女は商売女でないかぎり、その洗いは粗なるをよし……とするそうだ。文明人はその場にのぞんで、香り高い石ケンのにおいをお好みでないという。

黒いハダカの国では見て興奮することはない。見せっぱなしだから当たり前だが、動物と同じように、においをかぐことによって興奮するという。

それにしても、女がチーズやくさやを好んで食う〝ども食い〟するのも妙だと思ったが、実は男にもにおいがあるのか？　とどかぬのでためしようがない。

甲子園

いよいよ秋色が濃くなると、あの大鉄傘（てっさん）下、甲子園球場も閑としてわびしい。

私はここに育った。兵庫県武庫郡鳴尾村字西畑という。電車会社が建てた一群れの文化住宅街である。佐藤紅緑さんも愛子さんも、名大学の野球選手も生まれた。

武庫川をさかのぼれば、宝塚である。その支流に枝川があり清冽（せいれつ）な流れで、アユがとれ、両岸の松林には、松茸（たけ）も松露も、首つりもあった。

私たちは竹やぶ深くに陣地を作り対岸とはげしい戦争ごっこをした。川原の石を投げるので野球がうまくなったが、今から思えば危険な話である。

イチゴの産地である。深夜盗みに行っていやというほど棒切れでなぐられたことも再三。

海に三キロ、ヘトヘトになって浜につくと、地引き網を漁師がひいていた。何となく手伝えば、バケツ一杯のイワシをくれる。日本初の競馬場と、ゴルフ場があった。米飛行士スミスは馬場から飛びイチゴ畑に落ちて死んだ。

そんな川原にある日、ニョッキリとコンクリートタワーが建ち、あっというまに川はなくなり、甲子園が甲の子の年に出来あがった。すでに跡かたもなくなった故郷の姿である。

アナウンサー

昭和十四年ごろは花形である。

約千人が三カ月、七回の試験で三十人になった。十人は日本（ＮＨＫ）に、十人は満州放送、五人は朝鮮、三人が台湾、二人が樺太と、はなればなれになった。

私たちの満州の放送局は、新京を始め、全満二十四局である。幸い私は新京に始まり新京に終わった。

当時、泊まり勤は一人で、顔も洗わず六時にＭＴＢＹとコールサインを入れ、やがて衣服をととのえて共同通信の原稿の束からニュースを作り、天気予報を――そして、お茶をわかし、朝の講演者の迎え自動車を手配して待つ。九時までは技術二人と三人きりの世界だ。

うやうやしく講演者を出迎え応接室にお茶を運び、好ききらいかかわらず、お話の相手をする。

私の知識の大半はここに生まれ、ハク学の因となる。爾来すべて薄がつきまとった。薄識、薄給、薄愛（多忙のため）となり、出演者にもまた薄茶を出し、薄謝を呈し、顔をしかめさせた。

ルポルタージュ、ラジオドラマ、擬音、お茶くみ、何でもやったが、若いころは、大きな会社の一部にいるより小さな仕事場で人手薄と、すべて薄い方が身になると今も思っている。

鬼

世の中に鬼がいなくなった
何とも情けないおたふくの群ればかり
政治家しかり
知事・市長、異ならず
財界はおろか
教師、つまり教育者にも
演劇にも
親でさえ
鬼と思われる者は既にいない
何とかの父では些か不足だ
もっと強引で、いやがられても、どつかれても、初心を曲げず、その道をゆく、鬼の男は姿を消した
それに変わって、女鬼という出来そこないが世にはばかる。
世紀の前進は鬼と呼ばれる力で、今日まであったかに覚えるは、非才浅学のざれ言と、ののしられようか。

私の机の前に、七つの能面がかかっている。

鬼は、あきずに、いつも素晴らしい。

ハイブロウ

私は原則として新劇をあまり好まない。

頭が悪いので、あの難解さにたえ得ぬのか、あるいはどこの国の芝居かととまどう故か。いずれにしても、あの翻訳の稚拙さ——といえばしかられるが、日本語にあらざる日本語をトクトクと語る役者にいや気がさすのである。

外国で見れば、そして向こうの人であれば、どんなにか面白いものであろうが、アチャラ製のライターのイミテーションほどもないダメさかげんだ。

「ドチャンコフスキーさん、私は世界中でこんな大きな侮辱を受けたのは初めてだ！」

これは一体、どこの言葉だ。外国の芝居だとて許せるものではない。ましてや、その国のいろんな譬喩（ひゆ）がセリフに入る。「おめえはビスマルクにしんだ」——何のことだかわからない。これが翻訳で。

これを演出し、演技する人の気持ちも重かろう、と思うのは私で、本人たちは、よほど、ハイブロウな気持ちでペタンコの顔を忘れ、外国（とつくに）の芸術の中にひたっているのであろうか。

「あぶらげにワサビはよしな、でえこおろしが一番だ」とわかる芝居しか私には出来ない。

掏摸（スリ）

〽天神橋　長いナ
下から　見たら　高いナ
落ちたら　こわいナ

母方の祖母はねっからの大阪人だ。私の小さい時に、こんな歌をうたって話してくれた。

「天神橋長いナーと唄うてナ、秋になってカキやナシが出るころになると、イキな男がナ、橋のランカンにもたれて器用に、カキの皮をむきなハる。それがナ、糸みたいに細うて、橋の上から川まで切れそうにつながりながら下りてゆくのや。まあナ、橋の上はそれを見ようと鈴なりの人だかり、皆、その名人芸に見ほれて手をたたきハる。いよいよプツンと切れると、おおきに——というてその男はいんでしまう。見物の人もああ面白かったと、口々にいいながら家へ帰りハる。するとナ。そのうちの何人かが財布がないの」

芸の細かい集団スリである。

スリの優劣は創作的な力（ちから）と、手練の技術と、知恵があるとうぬぼれた人間の盲点をたくみにつくところにあるようだ。

役者もこのくらい勉強すれば金をうんととっていいだろう。

河豚(ふぐ)

そぞろ風の身にしむ季節になると、いよいよ河豚(ふぐ)が始まる。

河豚が始まると三津五郎さんが思い出される。私の一番仲のよかった歌舞伎の役者さんであった。この思い出も一度書きたいが、役者の死はおおむね悲惨なことや、老残いず地をさまよっているか、風のように消えてしまうことが多いが、河豚で往生するのは、故人に悪いが何か丈(じょう)らしくて、さびしいが心に曇りが少ない。

大阪では〝テツ〟といい、九州では〝フク〟とにごらない。ある先生の書かれたものに魚類の血清が他の動物に有害とあったが、河豚が河豚をくっても、どうもないというのがわからない。博多の魚問屋で、イケスに長く置くと数が減るといっている。ともぐいのはげしいものらしい。

河豚は磁気の強い魚という。中心を糸でつるすと南北を向くとウソのような話を聞いたが、磁石みたいな肉は美味という。人間も磁気が強いので北まくらにねると安眠出来るそうだ。

別に死んでから向かなくても生きているうちに実験してほしい。

〝ふぐ食う無分別、食わぬ無分別〟でチリにすると、とくにあの小さい口もとが美味い。あすこと──トオトオミ──と博多の人がいう。成程、そう言ってる口姿だ。

年齢

水が足りない日本だが、漏水や浪水がひどいという。家の水道もしめてもチョロチョロ出る。パッキングが悪いのだろう。

宴席たけなわで気がせくまま、小用を足し座敷へもどろうとすると、何となくズボンの中がぬれている感じ。ハテ！　あわてて「大」の方へ逆もどり再びズボンをぬいでみると、はたせるかなパンツもズボンもビチョビチョ。

昔は放尿終了の感覚が間違いなくあったのだが——下腹をヒックヒックとひっこめると残尿がちゃんと飛び出し、カラッポのすがすがしさが身ぶるいと一緒にあった。

近ごろは出っぱった腹が邪魔して、かつての英器も見えかくれ、のぞけば、チラとはいるが、いかにも落ちぶれたわびしさがやり切れないので、ついついしまいこむ。するとこのビチョビチョに出くわす。

うすぎたない話だと笑いたもうな。どうやら年齢は下からくるらしい。

となりで孫が、おむつをかえている。還暦とは子供に還(かえ)ることか。

弁当

駅弁が懐かしい。駅弁は新幹線にはない。むれた客席から、サッと冷たいプラットホームに降りて「おーい」と呼びながら、名物を買う。さして美味（おいし）くはないが、窓の景色が走るのでダマされて食う楽しさだ。

私は弁当が好きだ。撮影所にも旅行にも、必ず弁当を作らせる。人がうらやましそうにのぞくので、「恋女房がここまで追いかけてきとりますんじゃ」とテレながら、実はその人の食うてんやもんのかつどんが、時々はうらやましい。

昔、ハルビン（中国東北部）からの汽車でロシア人一家の弁当を見た。パンを出し、ソーセージを出し、赤大根、チーズ。ナプキンを四人がひろげ、親父（おやじ）はウオッカをあおり、何ともウマそうで見ほれたことがある。

私たちは、切りこぶと糸するめと、梅ぼしの、冷たいコチコチのめしを、折り箱からはがしはがし食っていた時だ。

先日「うちの弁当がアタルなんて、とんでもない」と弁当屋の娘が、つまみ食いして死んだが。ブラックユーモアの最である。

やっぱり

テレビのお話を聞いていて、フト気がついたのだが、ヘタほど使う言葉の一つに、「やっぱり」という言葉がある。これは漢字で書くと「矢張り」で、先生に聞くと「なお」「そのまま」「……も亦（また）」ということらしいが、今日は言葉につまると、やたらと使う意味のない接続語だ。

つづいてが、「したがって……」「きわめて」。討論会、国会用の言葉だろう。要するに言葉に困ったり、自信が無い時に、もっともらしく感じさせる適用語のようだ。

「ヤッパリ、その問題は、私どもの……ヤッパリ……問題でして、ヤッパリ、いいとは思いませんが、シタがって、いいか悪いかということは、ヤッパリ……、重要な――、キワメテ、大事な問題と、ヤッパリ、考えます――が、シタがって、キワメテ、ヤッパリ……」これでは、分かるわけがない。

又、外人が、日本人ほど、ＢＵＴを使う国民はないという。「良いと思います。しかし――」良いと思う――なら、しかしは要らない、といった。

しかし、……アッやっぱり……これがいかんのだ。

いつに変わらぬ

イギリスにハローズという有名なデパートがある。そのハローズのウタイ文句は、〝いつに変わらぬハローズ〃という。

いつに変わらぬ——これほどむずかしいことはないと、その当事者はいう。

まことにそうだ。戦乱もあり戦後もあり、変々する経済情勢の中で、いつに変わらぬ、値段であり、サービスは至難の業だろう。

戦後、引き揚げの私は大阪の友達の家に寄宿した。道修町の老舗である。ある日その父親に「表はやみのはんらんで、物さえあれば、ボロもうけのチャンスでしょう。どうしてあなたはそれをおやりになりません」と聞いたが——。

その時の答えも、うちは利幅が先祖から決まって居りまして、それ以上のことは出来まへん、と答えが返って来た。これも、日本のいつに変わらぬであろう。故にこそ老舗と呼ばれ暖簾（のれん）が家旗なのだ。

いつに変わらぬ夫婦愛、これもむずかしい。

今週の週刊誌は又もいつも変わる夫婦の話が満載だ。

らしさ

自由のハキ違いが、「らしさ」を失わしめた。

大阪のある先生の話である。

学生らしさ、先生らしさ、学者らしさ、男らしさ、女らしさ。

そういえば、みんな無い。男も女も、学生もヨタモンも判別しがたい昨今だ。どんな格好をしてもいいが、〝らしさ〟を失った人間像に失望するのは、明治大正風か——。そういえば、東京らしさ、大阪らしさ、京都らしさ、札幌らしさ、九州らしさも影をひそめつつある。

ロシア人や、ドイツ人は、制服を好む民族だといわれるが、女学生やキンボタンの学生服が別に体制側とは思えぬ。らしさはまず姿、形から来ることもあろう。共産党らしさ、創価学会らしさ、いいじゃないの。

最近のバーで、くまどりあやしきホステス君に花も恥じろう女らしさはみじんもない。

ついでにいうなら、親らしさも、子供らしさもない。

つまりは日本らしさも無くなったんだろう。

授章

大阪、梅田コマ劇場に〝道化師の唄〟という芝居で一カ月の滞在。

六日、東京の留守宅に文化庁から電話があり紫綬褒章の授章が伝えられた。

長い苦労をさせた女房の声は正直、喜びがかくせない。八日は芝居とニュースでひっくりかえるような騒ぎの中で、めでた日が過ぎた。

その夜、新聞で、私と同じ喜びの顔ぶれを見た。東野英治郎さん——私より当然の人とうれしかった。が、なかでも私をうったのは、私もよく知っている漫才の松鶴家千代若さん。おしどり夫婦で民謡をうたう「母ちゃん、もう帰ろうよ……」で親しまれたこの人の授章だ。芸人仲間として、私の心はあたたまる。

菊香る二十一日、晴れて明治の漫才夫婦が大内山に参内する——私はご一緒してその喜びの顔を見たかった。

褒章は、苦労をともにした、妻へのごほうびでもあろうか。うちのバアさんも石松代参で大わらわに違いない。

千代若師よ、その夜こそ、うまい酒を二人っきりで飲んで下さい。私も西の方から杯をあげる。

海

〝海は死につつある〟と海の学者クストーは警告する。

〝石油からサシミは取れんぞよ〟と重油流出の瀬戸の漁師は泣く。

海から生まれたという人類は、その故里をくさらせて、帰るところを失いつつある。

ヨットで伊豆の石廊崎から沖へ五十カイリも出ると海の色がようやくコバルト色に変わる。温度計を入れるとあきらかに黒潮だ。

しかし、その群青の海面に下駄（げた）が浮き、玉ねぎのくさったのが顔を見せ、ポリエチレンやビニールの袋や箱が、潮日に群れをなして浮遊している。おそらく、この下に屎尿（しにょう）は流れ、廃油がただよっていることは事実だ。

海に物を捨てる――広いから、ちょっとくらいならわからんだろう――この考え方が破滅へ拍車をかける。

昔、サンマの腹ワタから、脱脂綿が出たと新聞に読んで、爾来（じらい）、祖母はサンマを断ったのを思い出す。海を走る船は皆、うしろに網を引いて、大掃除をするべきだ。

近頃は、埋立で砂浜が全く減った。実はこの砂浜は、打ちよせる波にとって、海水の浄化と酸素を与えられる大事な場所と聞いた。

平　等

自由国家群にしても、共産圏、社会主義国でも、人間が平等だなんてことは、まったくあり得ない。それはナンセンスだ。

いやな言葉だが、エライさんは、どこでも大衆の上にデンとひかえている。党首、総理、大統領、××の父、××の祖。いい方にもいろいろあろうが、人々はまた、その人を無定見にあがめる風がある。

尊敬して悪いとはいわぬが、その下になべて統御されていいか、どうかは別のことだと考える。

早い話が、世界の進歩国家群も、その行事を見ると、エライさんが高いヒナ壇に並んで、ええ格好をして、手を振り帽子を振る。平等とはほど遠い姿で、しかも不思議や群衆は下から歓喜のさけび声をあびせる。あれを見ながら、あの形を逆にしたら、もっと真実味があふれ出るのにと思った――。

群衆の方が後楽園のような高い観覧席に坐り、一国の指導者が、並んでグラウンドを歩く。主義からいえばこの方が正しかろう。

優勝した野球チームが人民のアイドルとなるのは、汗をふきふき群衆の目の下に並んでおじぎをするからだ。

断酒

部屋（へや）の石油ストーブの水入れに何年間かこびりついた石灰のようなものがたまっている。水道の水に何を入れているのだ。

恐ろしいほどの背中の痛みにつづいて、下腹がうずき出し、脂汗がにじみ出て、七転八倒したら、血尿が出た。何とも不快極まりなく、トイレに行っても、すぐまたもよおす。

ジンゾウからボウコウに石がおりたという。ハマグリやシジミじゃあるまいし、何で石など、腹中にかかえているのか、水道局をあやしみながらも一週間がすぎた。

医者はこれを機会に断酒を勧告した。あまりの痛さに「ハイ、やめます」と返事をしたが、何とも酒をやめると、やたら時間が余って、どうする術（すべ）もない。家の晩めしも三十分もかければいやおうなしに終わる。家中を歩いて見ても何もない。外でも、メシのはしごだけはどうにも無理だ。禁断症状からくるのかやたらとタバコを吸い、うつろな目でボーッとしている自分を発見する。

人間が変わりつつあるのだ。それでもどうやらなれてきたのが哀しい。しかし、酒を飲んでるヤツらの何ともクダラないアホさ加減に、つくづくあきれかえる。
あれがついこの間までの、酒歴四十年の己が姿かと思うとゾッとするばかりだ。

四

国

国破れて　山河あり
山河破れて　国栄え
国栄えて　人、公害にあえぐ

公害をしりぞけて
山河　再び　息を吹きかえすも
国衰えて　人は貧苦に泣く

と、いうことがなければいいが。

労使の紛争はたえまない。私ども凡人には、じゃ何をどうして、どうすれば、あなたがたは気がすむのか――そのあたりが理解の外だ。

両方とも、自分の身辺のことにのみ、汲々として国家意識などさらにないかに見えるは半可通か――。

やとわれ社長に腰はなし、使われるものは会社がつぶれても要求は貫徹したいという。政府は群雄(?)割拠して話も通らない複雑怪奇さ。

だれが国を愛し国をまもるのか。国はなくてもいいのか――。

亭主は家に帰れば、かァちゃんの目の色をうかがい、土、日曜を怠惰の中に送る。

日本沈没せずとも日本人沈没は間近だ。

国旗

昔流にいえば今日は旗日だ。私は、右左翼いずれでもない。ゆえにこそ素直に素朴にお聞きしたい。もし、革新党の世の中になったら、現在の日の丸はお使いにならないでしょうか。赤い旗になるのでしょうか。そして片すみに世界の例にならって、さしずめ日本特産の稲とイワシでも黄色で飾られましょうか。私はどうも、あの赤色が正直好きでありません。何とも不潔っぽく見えてしようがない。ご反論もおありでしょうが、日の丸――あれはいいと思います。太陽ですし、これは毎日、東から出ますし、意味に不満もないでしょう。

もうひとつコジツケをいうならリベラリストを白として、その中央に、あなた方、赤い方々が丸くデンとおさまっておられる。たのもしいじゃないですか、打ってつけの図柄と考えますが――。

他に、日の丸は暗い戦争の印象につながるとボヤく人がいますが、三十年もたった今、まだうらみがましく、そんなことをいうのもどうかと思います。アメリカ人すら忘れたといってますのに。

水虫

夏に終わった――と思った水虫が、またむずがゆい。

この根絶は世界の悲願というが、一カ所が枯れると、いつか二センチほどはなれた近隣に村落を作る。表皮の下に隧道があるのか、塗り薬も照射も、薬湯も、水虫には武器でない。

さて、地球を足の裏に見たてるなら、水虫はさしずめ人間であろうか。

地下鉄、炭坑、石油坑、たえまなく掘る。核の地下実験もやる。

地球を一メートルの円球とすると、世界の屋根といわれるヒマラヤ山系がわずか一ミリ、石油は約その三分の一の三千メートルの穴で人間の表皮ぐらいだから、水虫は石油などを掘る人間と例えられよう。水虫薬は戦争や災害みたいなもんだが、いつかまた増えて栄える。

それは人間と水虫に共通する偉大な生存力であろう。

地球がカユイカユイ――といっている。いずれどこかに強烈な薬（アトミックボン）が落ちるだろう。でも、ポリポリ水虫をかきながら、また栄える子孫を信じて疑わない。

デスマスク

佐伯祐三氏は不世出の画家といわれる。

私の中学の先輩で、まんざらの他人ではない。そのライフマスクが盗難にあい、再びもどったのはなんとしてもホッとした話だが、私もマスクをとった経験がある。

実は一人二役で（映画「暖簾（のれん）」）死んでいる父の私に、息子の私が水杯をやるシーンのために、故川島雄三監督が、死んでる方はマスクにしようといったことから、この始末となった話だ。

鼻の穴にストローを二本入れ、寝ている私の顔に入れ歯の型とりに使う桃色のゴムをベッタリと塗り、その上を石膏（せっこう）でかためた。

「しばらくたつと熱くなりますが石膏が乾くまでごしんぼう、こわがらないで。ドキドキするとストローが細いので息が吸い切れません。ハガシたくなりますから心静かに――」耳もとでどなられた。

強烈な熱が顔面をおそった。デスマスクならいいが生身だ。たまったもんでない。

ただ、うれしかったのは、両方の手を山田五十鈴さんと乙羽信子さんの二人が持って、目のみえぬ私に、

「シゲさん、死なんといてヤ」と冗談をいってはげましてくれたことだ。

早稲田演劇博物館からまだ展示してくれといって来ない。

トルコ考現学

銭湯、軒をつらねて店を閉じ、世はトルコ風呂の氾濫(はんらん)である。

人から聞いた話で恐縮だが、さるところに超デラックスのトルコがあるそうな。チャールトン・ヘストンまで名前を聞いてきて案内しろ、といったという。

どう豪華かは知るよしもないが——思うにセックスは実は機械作業ではないはずだ。ある種の心情をともなうものと考えるが、彼女らの場合は機械にほかならない。そのように見えなくても、一切の心的興奮作業は彼女らにはない。ゆえにこそ一日に六、七人も処理出来るのだろう。

スター(湯女(ゆな))は大変だ。あわにまみれて、その身体を一日酷使すれば、油気は失せ、うす皮まんじゅうになるは必至だ。

しかし、機械なるがゆえに順序正しく、足の裏から頭まで洗い、もみ、靴下も帽子もかぶらせ、タバコもつけて、その献身ぶりは遠く世の女房族の及ばぬスケジュールだ。ゆえに男性は喜び、元禄時代と同じく湯女は栄える。しかし、泡沫(うたかた)の哀しい青春物語にはちがいない。

屋上の看板をまちがえて、コルトという自動車屋の門をたたいたアワテ者もいた余談もあるが——。

国際婦人年

男女——平等
男女——同権
結構なことだ。だれも、いやとも、いけないともいってない。

ただ、——あたし男みたいになりたくないの……と女が思うことは自由だろうし、男が強い男はきらいです、女のシリにしかれていたいと女々しく願うことも自由にちがいない。

目の色を変えてさがせば、平等をかき、同権ならざるものも随所にあろう。

しかし旗をたてて、アメリカ風に、男を弾圧しろとさわぐほど、女はダメといった覚えはなかろう。

コンプレックスじゃないかとさえ思う。それとも女が男になりたいのかと誤解しそうだ。男同士の間にも、平等はない。同権もない。それを女がどうなりたいのか理想像が知りたいばかりだ。むしろ、女同士の間で、「ブスも美人も、平等にして！」というのなら、よくわかるが。

おばあさんと若い娘は、あきらかにちがうのだ。

私と、竹脇無我とがちがうように——。

企画

二百四十何本かの映画をふりかえってみると、私は幸せな役者だったといえる。約五十人に近い監督にいろんな角度から、ニュアンスを変えて撮られた。「警察日記」の私と「夫婦善哉」の私はまったく違うし、「三等重役」「珍品堂主人」「神坂四郎の犯罪」はまったく異質の役柄だ。それでも、社長シリーズは三十何本、マンネリであり、「駅前」もこれにつぐ。

渥美清は私の親しい友だが、彼はかわいそうに（これは私だけがそう思っているのかも知れぬが……）いつも〝寅さん〟だ。よくもあきずにと思うが、役者もたまには違う役がしたかろうし、監督も息ぬきがしたいだろう――と同情する。

一度ウケると、営業はひとつおぼえのように続、続としつこい。渥美君の、コロンボ風や、アラン・ドロン風や、社長ものも面白かろうが、見られないのがいかにも残念だ。

役者を小さく育てているのはだれの責任か。そうしておいて、客の入りがちょっとでも悪くなると、すぐ冷たくなる映画界が、思えば哀しい追憶にある。

映画も演劇もテレビも新聞も営業が幅をきかしてイニシアティブをとる、必ず下降線をたどる。

紫綬褒章

日暮里、谷中の墓地は、ふりしきる落ち葉でフェルトの上を歩くようだ。黄色の葉ずえから初冬の木もれ日が、静かに親父の石にさしこんでいる。長い間の親不孝で、まともに見たこともない四角な冷たい石を、じっと見ながら菊をそえ、香をたき、水をかけて、人並みなことをした。

思えば六十年、存命ならば許しがたい息子であったろう。ことにふれ心を痛め、父は腹でもかき切っていたかも知れない。今にして役者などになったことすら夢のようだ。

許すか許さぬか、そんなことはともかく、私はポケットから小さな黒い箱を出して、墓の方に向けてフタを開けた。紫のリボンをつけた銀色のメダルは墓石ににぶく光った。

見たか見ないか、そんなことはともかく、

「こんなものをもらったので見せにきました。これは多分、あなたが血の中にもっていたにちがいないものが開花したんです。私はあなたの子ですものネ」

静まりかえった幽魂の地に、けたたましくもずが鳴いた。

整形

知り合いのバカ娘が突然現れて「おじさん、どう?」という。

また小遣いのムシンかとヤツの顔を見たら、何と壁にぶつけたようなヒラベッたい丸の真ん中に一本くっきりと筋が通って、〝これが鼻です〟といわんばかりの――岡本太郎の作品みたいな造形面である。

私は仰天した。「ああいやだ、二度とお前にあいたくない」といった。実は、この娘は扁平な顔といったが、それなりにあいくるしい容貌だったのだ。

その整形医には悪いが、もう少しましな、なおしようもあったのじゃないかと、取り返しのつかぬ十八の娘の顔に、怒りに近い悔恨が走った。

女は、一日、通算一時間ほど、鏡を前に自分の顔と対決する。朝に昼に夜に。

しかし、他人は、本人より、もっと長い時間、その顔と対決しているのだ。デスクの向うに、食卓の前に、エレベーターに、教室に――。そして十分、そのペタンコで不満はない。

にもかかわらず、一日たった一時間しかあわないお前さんが、自分の持ち物だからといって、勝手に変えていいのか。他人迷惑もハナハダしい。

信じたい

いつも水道の水が出ることを信じたい
教育者が、みな立派な人だと信じたい
工場からの煙が害がないと信じたい
友だちも信じたい
妻も
子供も信じたい
政治家は、いいかげんだと信じたい
地震がないことも信じたい
アメリカもソ連も中国も信じたい
世界の人々も信じたい
家の犬が人をかまないことも信じたい
米がいつまでもあることを信じたい
空飛ぶ円バンは絵空ごとでないと信じたい
あの女も信じたい
いい役者にきっとなれると信じたい

神さまはいろいろあれどさしてご利益はないと信じたい
でも、お化けの出るのは信じたい
信じたことが――まちがいないと信じたい
でも、死んでみなきゃわからない

痛風

私は痛風一六二号だ。古く、十五年にさかのぼる。

そのころは、痛風は一般的な病気でなかった。中風ですか――と聞かれたり、神経痛かといわれたり町医者もよく知らなかった。

私は虎の門病院の、その方の名医を訪ね、これが血液の中の尿酸のせいだと教えられ、一六二番目の患者としてしるされた。

キング・ガウト。病名にキングがつくのは、これだけという。美食の果てに帝王がなるので、この形容詞がついたという。たしか小公子の、あのいじの悪いおじいさんもそうだった。

それ以来、松葉杖を引きずりながらも、帝王気取りで、激痛にたえた。

が、ある日、女房がどこかの本で読んできたらしい。タスマニヤの土人はほとんど痛風ですってね――というではないか。

もう、辛抱も我慢も出来なくなった。笑いごとじゃない。風が吹いても痛いというのでつけたほどのものを――。

忘れたころに、突如としてくる。この業病は何のむくいぞ――。

四言絶句

私は七年間、満州とはいえ、中国に働いた。日本人はそこでデカい面をしていたが、私は中国と中国人の大きさにマザマザとふれた。そして、身に心にしみついた島国の姑息さにいや気がさしたこともあった。

私たちの文明の母体は、ここ（中国）にあり、切っても切れぬきずなが生じたことはだれもいなめない。明治から、やっと大正あたりまで、それらははなやかに、私たちの近くに息づいていたが、もう無に近いほどにうすれはてた。

たとえば、次の四文字を、口語体で書いたら何と書くのだろう。（元来、中国のものではなくとも、昇華した熟語だろう）

「落花狼藉」ひところこういえば、万象、千心がわかる。喜怒哀楽、和気藹藹、百花繚乱、盤根錯節、天網恢恢。舌頭千転。珠玉のような言葉の数々だ。屁みたいな流行語がはんらんするのを何ともならず、国は、学者とやらをあつめて宝語を捨ててゆく。

どこかの入社試験に〝空前絶後〟と出た。何と――午前中何も食わず腹が空いて午後ブッ倒れ息絶えること、と名答した青年がいた。ああ、我また絶句して何をかいわんやだ。

信者

世の中には、役者や歌手に、ファンと呼ばれる一群のはげしい信奉者がいる。そして、それがこうじると信者の狂相を呈する。ファンも信者もさしたる違いはないが、ファンは好きという嗜好の上に立って自らの中に、その偶像を引きつけ酔うが、信者となると偶像をタナの上に置いて、ただ畏敬し、盲信し、アラヒトガミかとおそれ奉る。

本尊こそいい迷惑であろう。

時に、その男が酒乱になれば神のおあそびの姿と言い、密通はお手ふれであり、暴論、暴挙は、アナ尊キお言葉、お振る舞いと低頭ここに極まる。

舞台は、ファンと信者の阿鼻叫喚で演ってられんのは本人だろう。

と思ったら間違いで、こたえられんと喜ぶバカもいる。

このめしいたる信者の裏側に炯々たるマナコで、ひがみっぽく横目でにらむ不信の人もいる。これらは、そのハネかえりも手伝って、バトウとケイベツで一刻も早く、本尊を霧消させようと、したたかな計略を練る。

平凡にして、平穏とは無上の幸せと悟るべきや。

結婚式

結婚式――、やったようなやらなかったような私たち夫婦も、そろそろ四十年。立派な式を挙げて一カ月で別れた夫婦に比べれば、見上げた業績である。

世の中は不景気だが、ホテルはキラビヤかな男女が第一正装をして錦繍（きんしゅう）の秋を飾っている。だれが金を出すのか、大半は親であろう。退職金が消し飛ぶような一夜、喜びと哀れが、シャンパンの音とあわに乗っている。

この結婚式で、一番アホらしいのが、金を出して娘や息子の晴れの夜を作ってやった親が、さもヒンシュクしているごとく、満場の片すみに、小さく身を潜めていることだ。

なぜ、子供たちのヒナ壇に両家の親が坐らないのか――。こんなばかげたルールはない。つづいてがバカ長い演説だが、それにも増して引出物とは何だ。両人がもらうなら分かるが、めしを食わせ酒をのませ、おまけに土産までやる日ではない。

あの上等の着物のかげにかくれた虚栄が、実は破滅の一因であることを知るべし。

道理で、バカデカい砂糖とカステラの塔を両人が切ってこわす意味がうなずけるというもの。

紙

紙の使用量は、その国の文化のバロメーターといわれるが、わけても日本の和紙は中国と共に有名だ。

急に話がおちて恐縮だが、世界を回ってトイレの紙で、その国の文化程度がわかるという。ソ連の田舎で紙がなかったり、あっても、尻が破れそうなやつだった話は有名だが、月へ行った国とは思えぬという。

便所の紙も、新聞から再生紙、さくら紙にティッシュペーパーの二重と、尻も色々の目にあうが、昔は、ワラ、葉ッパ、石、指、ナワ（またいでこする由）、川で洗う、ブタのエサでナメさせる――色々だが、近ごろは消毒綿、ビデ、乾燥空気の出るのまである。紙の話がビロウをきわめたが、紙なくて何の楽しき便所かなで、ひところのトイレット紙事件を思い出す。

昔のバアさんは鼻をかんだ紙を、たもとで乾かし、またかんでいた。

京都では、女性の使用後の紙は、下のツボに捨てずに片すみのクズ籠に入れていた。それを集めにくる人がいたそうで、何でも人形の顔の艶出しに使ったという――ウソのような話もある。

そういえば、オヒナ様の箱をあけるとションベン臭い香りがしたような記憶がある。

欲張り

当今は、人みな欲の権化と見える。

戦争がすんで、貧乏のドン底から経済成長まで——その間、千三つの当てこみ商売の後遺症みたいに、ひったくっても儲けたい、金をつかみたいの、いやしさがぬけきらぬ民族となったようだ。

昔はこう程もなかった。私たちの若いころはアキラメも半分あってか、欲をかきたてる素地もそうそうないので、もっと淡泊だった気がする。

今日このごろ、新聞を飾る事件は全部といいたいほど、金だ。為政者も代議士も、国憂の壮士も、タレントも医者もホステスも芸術業も、折あらばゴッソリ吸いあげたいと、美しい顔の陰に守銭奴の眼がのぞく。のみ屋はもちろん、ホテル、道路の立ち話も皆、金の話をしている。拝金主義者の亡者の群れ——、ああいやだ、いやだ。

でも、そういう私も、その一群の中にいるのかも知れぬ。現に、この原稿料を、ゴソッと穴馬につっこんで雨の天皇賞に大バカを見た。

トラ・トラ・トラ

十数年前、四人でヨーロッパへ仕事に行き、パリはオルリーの空港に着いた。

大量のフィルムとみやげ用の小型ラジオでもめ、税関で惨タンたるありさまとなった。

しかしどうやら一段落した。そこで別れればよかったものを「いや、私たちも悪かった。日本人として多々反省している」と、よいとこを見せたつもりのセリフが引っかかった。

「なんじは自らの非を認めるのか！　それでは話がちがう。バッ金だ。始めからやりなおそう」

これにはまいった。

在仏二十年の通は、この国ではあくまで自己の主張をまげてはいけません。私は正しいと、最後まで押し通せぬ者は敗北です――と教えた。なるほど。

今日は十二月八日、思い出の日だ。なんでもかんでも、日本が悪うございましたでいいのか。あの時点における日本の立場は、必ずしもすべてが罪をかぶるべきものばかりで――あったか。

なぐったやつにも三分の理はあろう。

歴史は流れた。もっと流れて戦争を知っている者が死にたえたあとでもいい。正しいことの正しい部分は明らかにしてくれ。

看板

日本は世界屈指の文明国だと自称しているが、私は世界屈指のキタナイ街だといいふらしたい。

一番目ざわりなのが看板だ。つづいてマンカン飾のアパートの窓。つづいては開店パチンコの原色丸出しの花ワの群れ。

見なれた人には、それさえ懐かしく、何の不快もないようだが、あの街一パイの、どぎつい看板の軒なみは国辱的なものだ。

電信柱といい、壁、軒、屋根、電車、バスの尻、横腹。あれで、客が来たり、物が売れると思っている店主のアホさ加減にあきれかえる。同じ看板がああも羅列してあると、インチキくさいにおいさえする。あんなことは逆効果だ。いい店は看板をひそめて静かなたたずまいだ。

あの毒々しい赤いネオンなど、信号すら見誤るほどで運転者も泣く。

ついでにいうなら新聞も、あの膨大な広告で、その権威を失墜しつつあるのを、日本一の知識人なる新聞人が許容しているのが不可解のきわみだ。

そういうお前もテレビに顔を出しすぎるといわれればそれまでだが。

コツ

元阪大総長の釜洞先生（ガンの大家）とお話の機を得た。

ともに紫綬褒章を得たのと、古い私のファンだというので、その夜は二人っきりの楽しい一席だった。

先生はひどい糖尿で、私と一緒に酒は禁じられた仲間だが、ブドー酒をのんで、医者の不養生まる出しの宴となったが、私は「ナイトウ」さんです。つまり内では糖尿病だというシャレを飛ばしてブドー酒は酒に変わった。

「痛い病気は、いい病気です。そして、たいがい治ります。痛くない病気はいけませんな。ハンセン病もいたくない。梅毒も、ガンも、糖尿もいたくありませんから」含蓄の程が見える。

「あんたはコツというものをどうお考えです」話が急に変わった。

「役者にもコツがありましょう。医者にもあります。ここのバアさんの料理もなぜおいしいか、なかなかそのコツが聞いても出来ませんな」

コツとは骨と書く。「カンどころをつかむ呼吸、急所、調子、要領」と辞書にある。

一本骨の通らぬ、なまこみたいな芝居をいましめられたか。

甘いもの

酒をやめて、四カ月になる。

例に違わず、甘いものを食い出した。食い出して懐かしく少年の日々が私のそばに帰って来た思いだ。大福、これも長い間くわなかった。あべ川餅、羊羹、薄皮まんじゅ、酒まんじゅ、なやばしまんじゅ、ケーキ、熱いどんどん焼き、アンパン、ＥＴＣ。

長いこと食べなかった。三十年以上にもなるか。

酒は、こんな楽しい、沢山の食べ物を私から剥奪していたのかと思うと、ほんとうに悪い奴だと思う。

最近、朝めしが美味しい。米がうまいのだろうか。

多分、そのうち、どこかが治る前に、持病の糖尿病がくるだろう。それも結構だ。食って悪くなるのは、自業自得だ。

白米、白パン、白砂糖を、白三悪という。悪ほど魅力のあるものはない。ささやかな犯罪をこれからくり返すのも又、楽しからずや。でも酒ほど他人に迷惑はかけない。

ゴルフ

自ら自分を審判する競技はゴルフ以外にはないという。故にゴルフは紳士のあそびという。(これが紳士か？　というのもいるが)

不思議なことにゴルフが面白いのは、開放的な草野の視界と、作戦の妙だろう。加えて、その成績にあるが、実は成績が賭(かけ)につながるところに、あっという大流行の素因があったと見るはヒガ目か。

日本では、射幸心というか、ギャンブルというか、賭につながるもの以外ははやらない。パチンコ、マージャン、競輪、競馬。すべては何らかの形で銭につながっている。プロ野球、相撲も、あるいはひそかに賭につながっているのか。何となく柔道、剣道、とは違う。ヘーシンクに勝つ選手がないことはないはずだ。が、そんないい身体の持ち主は、相撲にゆき、プロレスに行ってしまう。なぐりあって鼻や耳がつぶれ、頭もどうかなるようなボクシングも、ハングリースポーツと揶揄(やゆ)されても、賞金は世界的だ。

賭事がない世の中はつまらんという。自由世界の恥部だともいわれる。でもやめる気配は一向にない。つまり人生は賭だからか――。

百足

とあるクラブの会合に出た。識者の集まりである。

会のテーゼは決まっているが、さて、これを進展させるにはどうしたものかと、大人たちの論議は、やる気のあるような、ないような、やたらとたばこの煙の立ちのぼるばかりのものだった。

「みんな、もう少し、足並みをそろえて、その方向にもって行ってもらわねば……」

「一人一人が、そのつもりでやれば
いいいんじゃないのかね……」

と一人が言うと――、

色々な意見が入り乱れているうちに一人の識者は、たくみな例をひいた。

「ムカデの話をご存じですか。あの無数の足はお互い、まちまちの動きをしていますが、ムカデは自分の行く方へちゃんと行きます。足の一本一本は、前後と動きを異にしていますが、力の入れ方は方向を知っているのでしょう。左の足を全部そろえて上げ、次に右の足をそろえて上げさせたらムカデは、ひっくりかえって動けなくなりましょう」

私たちの芝居もムカデと同じで、個々の役が、別々の動きで触角（作）の命ずるところ、その胴体（劇）を進行させている。

赤帽

「ストでさっぱりです、わたしら何の保証もおへんしな、えらい目にあいました。今日も後遺症でガラガラやし、あんさんが初めてどす」

ポツネンと一人坐っていた赤帽さんに荷物をたのんで京都から、やっと走り出した新幹線に乗った。冬の夜の窓外は、不景気で心なしか、わびしさがつのる。

そういえば撮影所も。

供ざむらいや通行人、切られて死ぬ方の役者たちも浮いた顔は少なかった。しかし映画にしろ、芝居にしろ、こうした人たちなしで作品は出来上がらない。

その人たちの大半は何の保証もなく、病気になればハイそれまで、というきびしい現状がいつわらざるところだ。仕事を求める目に、ヒ弱な哀愁がかげる。ストライキの出来る人たちは、ストライキの出来ない人の苦しみや悲しみがわかっているのだろうか。

「お帰りなさい」東京駅へ着いたら二人も赤帽さんが飛んできてくれた。

カサコソと生きものの音か落葉ゆく

クモ

初冬の日ざしが弱いながらも美しい。葉の落ちつくした庭の木立を見ると、夏の働きの名残のような、主のないクモの巣に枯れ葉がひっかかっている。

そういえば、私はクモが大きらいだが、怖いもの見たさで、よくこの巣の見えるところで観察したものだ。

生きたハエをとまらせると、どこにもいない八つ足の黒いやつが飛び出して来て、たちまちのうちに糸の中にまきこむ。葉ッパを引っかけても、クモは出て来ない。彼は生き者の振動で糸にかかったものを察知する。電気アンマのバイブレーションを糸の巣にふれさすと、クモは殺気立つ。つまり目は、あまりよくないようだ。

ある日、私は糸の巣の真ん中におさまっているクモを棒でつっついてみた。やつはものすごい勢いで軒のかげに走り去った。私は不思議でならない。あの細い不統一な網の目を八本の足が瞬間に、全部踏みはずさずに走っているとすれば、目の悪いクセにすばらしい芸当であるなと。

このごろはこのたった二本の足でも、踏み間違えて上がり框（がまち）でひっくりかえる私なのに——。

自然

〝肥溜(こえだめ)はそっとしておけ、かきまわすと、なお臭くなる〟という、フランスのことわざがあるが、正にどこかの国のどこかの会議に通じるようだ。

地球を自然に還せ――という声がしきりだが、化学肥料でやせ細る土地を、昔のように人肥を与えて、近ごろは、自然栽培と称する野菜が高値をよんでいる。

今の子供は知らないだろうが、春とともに畑は、そよ風にのって、ウン臭が流れ、私たちには懐かしい。

お百姓は畑のクソダメから、くさり切った糞尿(ふんにょう)をくみ、水でうすめて蔬菜(そさい)にそそいだ。その薄まりの加減を、ちょっと舐めて見たという。「コエがなめられんで百姓がやれるか」と白髪のじいさんはどなって教えた。

そういえば回虫がわく以外、何の害もなかった昔の野菜は、味も良かったし、季節にしか食べられなかった。複合汚染でおののくこともなく、春を教え、初夏を感じさせた。

水洗便所に坐りながら、文明とはてめえの臭いものを水に流して知らん顔をすることかと、身の毛もよだつ事件だらけの新聞をよんでいる。

雪

雪乞（ご）い——をしていた各スキー場に、どうやら白いものが降った。
山小屋で、いろりにあたりながら、雪の降る音を聞くと、神々のささやきかと思う。
ある夜、動物たちは、小さなともしびを下げて樹氷の下に集まるのだろう。

〽雪山の　雪の明りの　冬まつり
月の輪グマも　リスも来い
うさぎ　猪　つぐみも来い
酒も　たんまり進ぜよう
土産も　どっさりもってこい

雪山の　雪の明りの　冬まつり
今夜は風も　なさそうに
リスめの　ちょうちん消えそうな
うさぎの　ランプが消えそうな

一九七五年、再び来ない、この年が、列島の上に白い雪をつもらせて、みにくいものを皆かくしてしまう。

この雪が解けると、また、いたるところで闘いが始まるのだ。

冬眠から覚めた熊は力まかせに、

キツネはコウカツな眼を再びキョロキョロさせ、

せめて、それまで、雪の中で人の世の交々（こもごも）を考えたい。

せっかち

せいては事をし損じる――イロハがるただ。

飛行機が着陸して「エンジンが止まるまでそのままで」とアテンションが入っているのに、立ち上がって外トウを着るバカがいる。そうせいたってドアにジャバラがつくまで降りられないのに、機内のせまい通路に立ってならぶ。

エレベーターに乗って、ドアが開くとすぐ「閉」のボタンを押すあわてものもいる。乗りかけたお客がハサまれて気の毒だ。十秒も待てば勝手に閉じるのだが、そんなに早く部屋へ行って何をしたいのだ。あの「閉」のボタンを押すヤツは日本人だけだとニューヨークの新聞でバカにされたそうだ。

昔、東海道を、二台の車が走った。東京から。一台は猛烈なスピードで、ぬいてぬいて危険をおかして――一台は交通標識の指示通り、信号もきちんと守って。これはあるテストだったそうだが、名古屋に着いた時、二十分も差はなかったという。
急がば回れ――昔の人はムダなことをいってない。政治も経済もすべて急ぐなといいたい。あわてて死んだヤツもいるのだ。

プロンプター

日本にも昔、一、二の劇場に見たが、プロンプターボックスというのがエプロンステージに、貝殻のふたのように客席を背にしてあった。

この中に、プロンプターが入って、台詞を忘れたり動きの違った役者にコソコソと教える。近頃はそれがなくなった――というより、コソコソしゃべるとフットライトの所に装備されたマイクにコソコソが、ボシャボシャと拡大されて客席に聞こえるから、プロンプターは全部、屏風（びょうぶ）の裏やタンスの陰や舞台のソデや裏にかくれて、物覚えの悪い旦那の苦しまぎれ――に声援するようになった。

初日の芝居がなぜ面白いか、そのひとつに、ドジを踏む役者の醜態見物があったが、私など何度このプロンプターと芝居の最中にけんかしたことか。「その次を教えろ！」「もういったよ。そこは……」混乱する中で、プロ氏も「違います、それは相手の方です」と注意する。それをまた台詞と間違えて「違います……」とやる始末だ。

水谷八重子さんも故井上正夫さんも、聞き上手だった。その時、少しもあわてず……これが要領である。「もう聞こえた――次でいい！」とは、シャレたムーランの野次だった。

菌

「あなたが、朝、目がさめたら、日本の人口が三分の一、死んでいることがあるかも知れません」

私の同窓の一人は菌の大家である。

人間が、自然の摂理を変えてきましたから、ある日、繁殖しすぎた人間に淘汰（とうた）が起こるでしょう

――と彼はいうのである。

Aの菌が、力を増すと、必ず、これをたおすBの菌が生まれ、自然はバランスをとっているというのが大意であるが、彼はシイタケの権威で、いま、鳥取に大きな菌の研究所を持っている。

セイロン島も昔はコーヒーの栽培で有名だったが、ある日、これが全部枯れて絶えたために紅茶に切りかえたという。アマゾンに移住した日本人がコショウの栽培に成功したが、そのコショウが、これも一網打尽、やられたのも、注意すべきことだという。

医者の薬もペニシリンに始まり、いまやがん強な抵抗菌は何とかマイシンの進歩となり、イタチゴッコだと説いた。

「生のシイタケは食うなよ、あれはインポになるぜ」――と最後につけ加えてくれた。

外タレ

外人タレントの略称である。

年間、この外人タレントのかせぎは大変なものである。外国ではユニオン（組合）があって、これを防いでいるが、日本は今や好個のかせぎ場所である。世界各国から、芸術家、エンターテイナーがピンからキリまでご入来。ＮＨＫホールから山の温泉場まで「円」の吸収に大わらわだ。

ストラディバリウスの名器から、自分の名器まで見せて、外人崇拝の日本人を腹の下でちょう笑している。

テレビをご覧。中華ソバや、とうふや、コンニャクまで、外人が出て来て舌たらずな日本語で、わけのわからんことをいう。あれがいいと思っている――島国育ちは徳川の時代から少しも進歩していないようだ。

もっと不可解なのは、外タレにあこがれてか、ペチャンコの鼻の女が、髪の毛を野うさぎみたいな色に染めて、くまどりもあやしく、マツ毛だけ見えて目の見えない顔で、胴長を何とかカバーしようと、足の指が、つま先にめりこむようなくつをはいて、「そんでヨー」といっている姿だ。

渡り鳥

年もおしつまると、葉の落ちつくした枝に鳥も寒そうだ。

家内は肉屋から白い豚のアブラを買って来て、あちこちの木の枝に針金で結びつける。またたくまに鳥はこの脂肪をつついて食いつくす。

寒いのだ、彼らも。その日は少しは体もあったまったろう。

冬は沢山の鳥が死ぬ。死ぬといえば、幾万の鳥がシベリヤから海を渡って来て、また帰る。灯台守の話にもあったが、この大群の上陸の朝は、白い灯台の下は死鳥の山だという。

ただひたすらに飛び、食うものも食わず、恐らくノドのかわきもうるおすひまさえなく、そこに陸を感じながら、疲れた目は灯台をさける力を失いぶちあたるのだ。口バシから血をふいて小さな命は孤島や岬(みさき)の鼻に散る——痛ましい。

恐らく彼らには弱者保護はないだろう。しりにうけた散弾が痛むといっていた父ちゃんは、昨日碧(あお)い海に落ちていった。

今日また、翼のヒ弱い兄が、ひと声「さよなら」というのをうしろに聞いただけで見えなくなった。

そんな鳥の運命を思いながら、師走の木枯らしにふるえる鳥を見ていた。

遠く暴走族のハゲしいオートバイの音を聞きながら。

宝もの

宝もの——とは。
仕事かな
妻かな
子かな
金かな
命かな
何が一番大事なものか、よく知らずに、あたふたと今日まで生きてきたような気がする。そして今日も、いっそ知らないままでいいのかな——と思ったりしている。
こころみに家の中を歩いてみる。さしたるモノもない。なくてもいいものばかりのような気がしてならない。
あきらかにこれは私の宝ではない。
話は変わるが——、少年の日、ミノ虫をとってきて、ミノをハサミで切った。黒いハチの子みたいなのが、てのひらの上で、かすかに動く。色紙を細かく切った中に、そいつを入れた。
間もなく、彼は、五色の家を造ってその中におさまった。
ある夜、私はふとんの中にくるまりながら、そのミノ虫のことを考えていた。

あの中で、一切下界と身を断って、やがて彼は、みにくい虫から美しい羽を作り蝶になるのだ——と。

だれもいない寒い晩だった。

紅白歌合戦

愚劣番組も多いが、その中にこれほど、いやらしい番組もない、と思うのが年末の紅白歌合戦だ。昔は私も出た。今は出してもらえないので腹イセにボヤいていると見られそうだが、私のころはお愛敬(あいきょう)のプロだったと記憶する。そのつもりで私も出演していた。

近年、これに出られる、出られないで、歌手生命に大きくマイナスしたりプラスし過ぎたりする悪弊をともなっている。テレビ出演料やステージの金額がハネ上がったりハネ下がったりするそうだ。こんなことでは出演に暗躍もあろうか。

あれは年忘れの素人演芸会でいい。

三木総理の小唄で山口百恵が踊ったり、佐々木更三さんのさんさスぐれ、宮本委員長の世界は二人のために——長島監督の勝つと思うな——とか。皆さんカミシモをぬいで呉越同舟、年の最後の一日を、人間である証(あかし)を見せる日にしては。

我も人なり、彼も人だったかと思う大晦日(おおみそか)こそまた楽しからずやだ。

Xマス

二十年も前になろうか。米海軍の中佐家族を呼んでXマスを一緒にやったことがある。その時、その夫人が南部の私の町ではXマスの晩には、いつもオッカないおまわりさんですが、子供たちは交番にクリスマスケーキを持って行きますと話した。

家のデコスケたちも早速僕たちもやろうといい出した。そして小さなケーキを二十ほど買ったらしい。親戚（しんせき）の大きいのが運転をして、銀の帽子をかぶった日米の子供たちはいさんで出発した。

ところがこれがなかなか帰ってこない。親たちは気をもんで待っていたが、その内、酔いもまわり、ただささえ幼稚な英語がシッチャカ・メッチャカになった。そのころ、一団は帰ってきた。

「パパ、大変だったぜ」と十一時頃である。

語るところによると、喜んで受けとってくれたのは半数で、あとの半数は意味不明、あとは、おおむね説教されてきたという。

どういう説教かと聞いたら、折角のケーキだが家でお前たちでおとなしく食え――というのである。

「何故ですか」と聞いたら、贈賄になる、というキツイお達しであったそうだ。

だいこんの花

テレビの視聴率を見ながら、世の中は「無いものねだりだナ」と思った。

「だいこんの花」というホームドラマを四回にわたって演った。ということは、週一回として二年以上にものぼることになる。何がウケたのか再放送が度々あり、しかもロサンゼルスからサンフランシスコ、シアトル、ハワイ、そして今はニューヨークで、土曜日は街の日本人がいなくなるというロスと同じ、熱狂的な現象が生じている。

父と子の、それは、そうあってほしい夢物語のような話だが、どうしようもない親をブツブツいいながら大事にするパパコンプレックスの倅(せがれ)が、見る人のどこかをまさぐるのだろうか。

遠く海をこえていった若者が——、恐らく日本の家族主義にいや気がさして飛び出していったであろう男どもが、——それを異国で見て涙を流し、日本語の出来ぬ子供から「パパ、なぜ泣いてるんだ」と問われてコマった顔をする。

このアメリカの同胞たちの複雑な気持ちが——わかるような、わからないような、わびしさをさえ呼ぶ。元海軍の艦長のこの親父は今も軍艦マーチが好きだというのに——。

郵便配達

六さんは家に来る郵便配達の小父さんである。

この家が建ってからだから二十何年にもなるだろうか。すっかり真っ白になった六さんは無口な人だが、ある日、私に色紙をたのんだ。私は感謝をこめて何か書いたが、それは忘れた。間もなく六さんは郷里に帰って持って来たと、自然木のステッキをくれた。多分お返しのつもりだろう。

それから六さんは庭へ時々回ってくるようになった。声をかけると、今、仕事が終わった帰りだという。そして、この木の剪定（せんてい）が悪いとか、これは今、肥料をやれとか、庭の真ん中に坐って一服すいながら熱心に私にいう。

どうやら、六さんは、定年もすぎたらしいが、まだ働けますと、嘱託のようなかたちで働いているらしい。老妻と二人のつましい暮らしぶりを何かの折に家の者がのぞいたそうだが——生涯を、雨の日も雪の日も、風の日も、お正月も、人の心を人の心にコツコツとだまってとどけたこの人の胸にこそ、褒章（ほうしょう）をあげてほしいと、いつも思う。

タクシー

世田谷区千歳船橋、私がここに住みついたのは、終戦、引き揚げてからだ。

そのころ、ここはまだたんぼも畑もあり、町の人も情があり、ひなびた風情があった。

「あんたは、ここから有名になった人だ。成城なぞに行かんでくれ、金が出来るとみんな、あんなとこへいってしまう。土地は私たちが世話するから」

弁天山という、雑木の山を世話してくれた。そして、いつの間にかこの町はずれの小さな通りを、町の人たちはモリシゲ通りと呼ぶようになった。

深夜、いささか酩酊(めいてい)の私は、タクシーの運転手君に、そこを右、そこを左、また右、ずっと行って左と、指図していた。ちょうど、門の前のあたりで、突如、運転手君が「だんな、ここは、モリシゲ通りってね。そういってくれりゃすぐわかったのに……」といった。私は、家の前を百メートル通りこして、顔を伏せて金を払った。

駅前歯医者で坐っていると、駅の近くのスピーカーから「スシヨシが開店いたしました。モリシゲ通りでございます」と大声である。

歯医者は私の口を開けたまま聞きほれている。

東京

東京。

ここはすでに江戸ではない。ついでに、日本でもないみたいだ。

わずかに、皇居がふみとどまって、日本を見せている以外、人も、街も、店も、どこのだれがどんな気持ちで住んでいるのか、都会という態（てい）のいい名前におさまりかえって、人間を、無国籍者あつかいにしている。

ここに生まれ、ここに育ち、ここに果てる――それは、何人であろうか。

小学生（中学生もいいだろう）を六年のうち三年は、山紫に水清き――の里に住まわせ、人の子らしく、ふる里をもたせてやりたい。

近くに秩父があり、八ケ岳、筑波、富士山ろく、丹沢、数えあげれば、自然も息づいている場所がうんとある。そこに学校を建て、宿舎を作り、いろりや、水車や、畑や、牧場や――これをリースにして、各学校に貸すのはどうか。

すばらしい学校、教室、寮を貸します。そこで、人間を作り、その子供たちの故里にして下さい。

つまり、もう一度疎開させるのである。

大みそか

今日も。

やがて夜がきて、星が出て消えて日がのぼり朝がくる。

すると元日だ——といって、年の変わりのめで事だと朝から酒をのみ、めでたい、めでたいといいあう。

別に家が新しくなり女房も変わり、収入が突如倍になるわけでもない。昨夜の今日と、何の変哲もない連続である。

先ずは、しかし。

齢（よわい）あって、一九七五年——昭和五十年を、ここに健康に終わる。幸せというか、決して不幸ではない。氏神さまでいいのなら、そこへ行って感謝もしたい。

口から出まかせのようなことを二百回以上も書いた。よくも書いたと思うが、実はよくも書かせたものだ。また、よくも読んだ方々に心からお礼を申し上げたい。

いろいろといい分もおありだろうが、役者をやりながらの片手間では、実はなかった。

一生懸命に、物を見、事に耳を立て、右往左往したことはご想像にまかせる。

すべては、だれの得でもない私のプラスだった。ありがとうございました。

佳（よ）いお年を——。

あとがき

一枚の原稿紙に書きおさめる。

四百字のコラムのむずかしさにホトホト疲れはてた七ヵ月の連載（「報知新聞」昭和五十年六月一日より十二月三十一日まで）を今にして思い出す。

のちに数篇加筆したり、少しは手を入れたので五百字になったのもあるが、面白く書こうとすると四百字をハミ出すし、何も無いことはどう書いても何も無い。毎日が緊張の連続だったが、一ヵ月ほどたって頭から読み返してみたら、ニョッキリと〝己れ〟が出ていて、鳥ハダの立つほど驚いたりした。

しかし、いかに切り、いかに圧縮するかに自分の身体を切るほど苦しんだが、これが妙なところにプラスになった。

つまり、わたしの芝居に影響が生まれた。不要な修飾が減ったし、ミエも饒舌も少なくなったような気がするのだ。

それにしてもコラムの一年生だ。その幼稚な雑文が、こういう文庫になるということは嬉しいというより恥ずかしい。

この本は実は、単行本として私の古い友人である大学書房の石見栄吉氏にお願いして、昭和五十一年四月に、いい本を作ってもらった。しかし大宣伝をしたわけでもないので津々浦々に流れたとは思えない。こんどは大勢の方々のお目にとまることになるので、中には愛蔵本としての御注文もあろうからと氏を納得させた。

カバーには、またまた畏友生沢朗氏をわずらわせ、〝屋根の上のヴァイオリン弾き〟の素晴らしい絵を、さらに本文中にカットをいただいた。感謝して後記とする。

森繁久彌

昭和五十四年八月

第三章　道

『梅ほころぶ』いうなれば

楽しく生きてしかるべきものを、わたしの歩いてきた八十年近く、たえまなく世界のどこかで人が人を殺戮するうすら寒い事件がおこっては消えてゆく。

私もなぜかとおもうが、人もまたたまには何故だろうぐらいには、思いをいたされることもあろう。全く世界は常にどこか暗い。決して明るいばかりが地球じゃない。

私は〝平和〟という言葉すらおかしいと考えるのだが、よくよく考えれば戦争があるから平和というのだろう。殺し合いがなければ別にこと新しく平和という必要はないはずだ。私は若い日トルストイの『戦争と平和』を読んだ。あれも決して平和と戦争じゃない。自由ということばすらおかしい。極端に言えば自由は人類の妄想だろうというやつもいるが、トンビが自由に絵をかいてと唄うが果たしてあれは自由の姿か。この〝自由〟という言葉にも、いまや私にはしっくりとなじめない。それほど縛られているはずもないのに、自由賛仰というが、そんなに自由を求めて己はまいにち何をしたいのだろう。

近頃の孫や若者を見ていると、可愛いといえばそれですむことだが、私のころのつまり昔の可愛さとはまるで違う。じゃあどこが違い、あるいは不足しているのか、昔の子供には「分」があったと考える。分なし亡者というが、まず子供たちとの話し合いがないといっていい。子供に靴を磨けというが何故嫁はんが黙って亭主の靴を磨かんのか！　なぜに教育などとことえらそうな事を言って、子供の分をおかすのだろう。昔は金持ちのことを分限者といったが、これもどこか分をわきまえた金持ちの風があっていい。今は「部分者」みたいなこじき金持ちばかりだ。

常に新しい時代とか、二十一世紀の展望とか、またヌーベルバーグも結構だが、人生には断ち切れぬものがある、それは人の成り立ちである、いうなれば人間の歴史だ。

一切の歴史を否定して果たして新しい時代が来るのだろうか。思想にも文明にも進歩はあろう。しかしそれらは、すべて大きな人間の悲劇の歴史の上に打ち立てられたのだ。

そんなときに平和を希い、自由を渇仰したのだろうか。それすら歴史はあるときはせせら笑い、一切を崩壊しさった。くず折れたアテネの宮殿も砂漠のなかで血の色も乾ききっている。

やがて成層圏あたりに有毒ガスがたまり、海が腐れ果て、喘ぎながら生き残った者が分を過ぎた思い上がった人間たちの最後の地獄図だ。

「じじ、ぼくは不満なんだよ」

私の枕元で二十一歳の孫がぼそっとつぶやいた。

「なにがだ？」

「いや、僕は不具者かな」

「何故」

「金なんかちっともほしくないし」

「うむ、それで」

「親父は俺をぶん殴ったり、叱ったことなんかないんだ」

「殴られたいか？　むかし山下中将という人が兵を怒るな、兵は叱れと言われたそうだ」

「未開の国へでもいきたいんだよ」

論旨がまるでまとまりがないが、要は現代と言う時代を否定したいのかもしれぬ。いうなれば年寄りの愚痴かも知れぬが、栄枯盛衰など実にくだらんものだ。いまさらにかつての馬鹿みたいな長城や宮殿になんのありがたみがある。あんなものをつくった人間も王者をいいことにおなじ人類に得体の知れぬ苦渋を強いただけで、そこから何が生まれたかと反芻するばかりだ。

君は桜の花をなんかいみたか？

「さあね」

「さあねじゃないだろう。今いくつだ？」

「もう六十も間近です」

「じゃあ、六十回だけじゃないか」

「そういわれればそうですね。ただの六十回か」

人はこんなときに己の生きた歴史の短さを知らされ、吹けば飛んだ六十年にいまさら愕然とするのだ。

その生き死にの短さも知らずに、徒に泣き怒り、欲に絡んで懊悩する。挙句の果ては大事な青春をせっかくの頭も体も殺人道具の製造に使い果たし、壮絶無残な戦闘を演じて、焼け爛れた砂漠で死に腐る。ただ白骨をさらして、阿呆と言うか悲しい極みだ。

さて、文句ばかりいっても始まらない、イラクも米軍も対岸の火事ではない。わたしとて夜更けまで新しいニュースに目も耳も傾けて寝不足だ。

あの大国を誇ったソ連も今は何一つ自慢するもない、内乱だらけの国になってしまった。アメリカも莫大の債務にやがて滅びるやもしれぬ。この日本も今後十年もつか。

昔の人は知っていたのだ。

盛者必衰の理をあらわす。

奢れる者も久しからず。

ただ、春の夜の夢のごとし。

猛き者もついに滅びぬ
ひとえに風の前の塵におなじ……と。


ようやく春日を思わす陽射しが、私を和ませはするが、いかにも春は名のみの風の寒さで、年寄りには厳しい季節だ。

まわりで、バタバタと惜しい人が、若い人まで身罷っていく。私も六十年近く一緒に生きてきた家内を逝くしたが、その月に河原崎国太郎さんが亡くなり、可哀想なことに癌で入院していた倅の英太郎が父の死を知らせるかどうかと迷ううちに、これまた逝ってしまった。親がいるのに私は親代わりみたいな立場だったので、そのショックも大きかった。続いて師と仰いだ、同志の鹿内信隆氏、中川一政画伯、谷崎松子夫人、一宮あつ子、昭和十年から劇友だ。そして共に九百回の屋根の上のヴァイオリン弾きをやった賀原夏子様、こうして数え上げれば香典破産するんじゃないかと思うほど、皆あの世へ急がれた。すでに哀しみを通り越して、こんな文章になったのかもしれぬか。
窓外、寒空の中に梅はほころび、桃もまた美しい貌を蕾から見せている。

松下幸之助翁との対話

新聞社の方々も随分存じ上げているが、尾崎宏次（ひろつぐ）さんという演劇担当記者がおられた。私と同じ年輩の方だが、この方が仲間の記者たちと中国へ取材旅行に行かれた。

あの一世を風靡（ふうび）した周恩来首相は、中国人民のアイドルであった。

日本でも学び、後にフランスでもみっちり勉強した人で、尾崎さんが中国に行った時は亡くなられて間もない昭和五十年頃、人々は悲痛な喪に服している時であった。

「中国の人に、今、観（み）たい芝居はあるかな」

と聴くと、即座に〝周恩来〟をご覧なさい——と、あちらの方が勧めた。

「しかし、あの方はまだ、亡くなられて間がないが——」

「いや、やってます」

「そうかね。どういうわけで〝周恩来〟をやるんだろうね？」

「もう一度、逢いたい人です」

尾崎さんは絶句したそうだ。

この話を尾崎さんから伺った時、〝もう一度逢いたい人〟とはうまいことを言うなァ、と思った。

そして、私の〝もう一度逢いたい人〟の真っ先に、あの、松下幸之助翁のお顔が浮かんだ。

昭和三十九年から「七人の孫」がＴＢＳで始まった。恐らくそれから数年経った頃だろう。

松下電器の社長室から、私に電話があった。

「ぜひともお目にかかりたい。お忙しいのはよう分かります」

何と、それは松下幸之助大社長直々のお電話である。

私は恐縮した。

早速、飛行機で大阪へ飛び、門真にある松下電器、つまりナショナルの本社へ伺った。

正門の前でタクシーを止め、私は恐る恐る松下の門をくぐった。するとどうだろう、重役たちが入り口に総出でお出迎えだ。

早速、社長室に連れて行かれた。

社長だったか——会長だったたか、私の記憶ではさだかに思い出せない。

すごい部屋に圧倒されて入ったが、どうしたことか肝心の会長の姿が見えない。

いずれ、ちょっと、間を置いて現れるに違いないと思い、勧められた椅子にも掛けず、直立不動でたっていたら、ドアの陰から現れて、

「おこしやす……」

私は声のほうを振り返ってみると、入り口の扉の向こうから会長の顔が覗いている。

「すまんことやなあ、お忙しいところを呼び付けたりして……。実は、あたしが出向くつもりやったが、ひょんな用ができて、堪忍しておくれやす」

「とんでもございません。私も光栄に打ち震えています」

少々オーバーだが、確かそんなことを言った。

「ま、そんなお上手は聞こえまへん。先生はびっくりしはるかもしれまへんが、あたしはお宅のお父さんのずうっと下におりました。と、言うんも、ゆっくりお話しせねばお分かりやおまへんが、ま、どうぞその椅子に掛けて、どうぞ休んどくなはれ……何ぞ冷たいもんでも……あっ、来てるのかいな、早よ出さんかいな」

私は上等のコーヒーを戴(いただ)いた。

片や松下の大巨頭、片やヘッポコ役者——並んで対等に話ができるわけがないのだが、

「どうぞ、楽にしとくなはれ。お父さんは偉いお方でした。大阪に赤新聞というのがおましてな、そこに、毎晩、お父さんがどこの料理屋、待合に居たかや、呼ばれた芸者の名前も出てましてな、私も早よ、こうならなあかんなァと思うてました」

「実は会長、私が生まれて二年目、つまり二歳の時に亡くなりましたので、親父(おやじ)のことは、まるで記憶にありません」

「なんでも、徳川の大目付の流れをくんでおられて、お父さんは日銀に入られたのが、明治二十何年か、ですナ」

「よくご存じですね」

「そら、あんさんにお目に掛かるのやから、調べさせて貰いました。江戸ッ子やからエライ持てたお方でした」

「へえ！」

「仙台二高の英語の先生もなさっておられたさかい、学はあるわ、色は白いわで、ハッハッハ……」

私も思わず笑った。

「私は北野中学に行きまして、そこで一年落第をいたしました。歴史と地理が嫌いでして、応仁の乱の坊主の名前など憶えられませんでしたから……」

何だか、急に打ち解けてきたようで、私もだんだんと能弁になってきた。

「あんさんの〝七人の孫〟はよろしおましたな」

「お気に召して戴いて倖せです」

「あたしは、ああいうのが一等好きですナ。あれは、確か、お便所の便器を作ってる会社の社長さんでしたナ」

「私にも七人の孫がおりますが、近く八人になりそうです」

「結構だす」

「話は変わりますが、大阪駅と阪急の前の道幅は広うて困ってましたが、あそこへ歩道橋を架けられたのは会長だと承りましたが――」

「いや、名誉心でも何でもありまへん、皆さんが困っておいでやから歩道橋が出来たら便利やと思うて――」

「大したお仕事です」

私もくつろいでお世辞まで言えるようになった。

「あんさんもたんと税金を取られなはるやろナ」

「はあ、お宅さまに比べれば雀の涙ほどです」

「実は、今日来てもろたのは、私はあんさんにヒラメキみたいなものを感じましてな。この人はちょっと違うぞ、とにらみましたんや。ええお話もたんとお持ちやないかと思うとりますが——どうでっしゃろ?」

「いや、頭はボンクラでどうしようもありません」

「それは、ご謙遜や。何でも結構だす、お話し願えたら有り難いんですけど——」

私はまったく血迷った。

「今度、お目にかかるまでに考えておきます」

「ハイ、ハイ、べつに急きませんさかい」

そんなことがあってから、私が二度目にお目にかかった時、大会長にお話しするようなことは一つもなかった。

「なんぞ、ええ話、出来ましたかいナ?」

大会長のご催促である。

「……あのう会長、話が飛ぶようですが——」

「ハイ、ハイ、どうぞ」

「……星がたんとあります」

「ああ夜になると――」

「あの中には、あの光が地球の私たちのところに到達するのに一光年というのがございますが――。一光年は光が届くのに一年かかるということでしょうか、そんな二百光年のも、長いのは何千光年のもあるでしょうが、例えば二百光年としましょう、その星に向かってこの地球から光が出てるとしますと、それが反射して帰ってくるのに四百年ですな。もしその光を松下製の機械で受ければ、四百年昔の姿が見える――と、私は考えます。例えば、豊臣秀吉のホンモノが見えんもんか――と、考えるのですが……」

「えらい話でんなア――」

「歴史を見る機械などどうか、と考えまして……。冷蔵庫やテレビが簡単に出来ますのに……」

「もうちょっと、小さい話はおませんか?」

「小さいのですか……クストー博士という人が、〝海は死につつある〟と言っていますが、海を汚すのは川でございましょう? 川を汚すのは流れ込む家庭のドブだと思いますが、家庭から出るゴミはニンジンのシッポもイワシの頭も、これから申し上げる機械に放り込むと、すべて水と塊(かたまり)とに分かれて、水はもう一度、便所の水洗と庭に撒(ま)くとか――時々、タバコの箱ほどの塊がコトンと出て来ます。これが言わば搾りカスとでも言いますか、栄養満点の肥料です。人はコトン……コトン……と出てくるので、そのコトン屋に売って、庭はもちろん、並木や山の木の肥料にします」

「うむ、ええ話や!」

大会長は周りの重役たちを見廻した。

「皆、よう聞いときや」

私もだんだん調子が出て来た。

「それから……子供が虫歯が痛くて泣くと弱りますが、一服飲んだら虫歯がみんないっぺんになおるという」

「うちは薬をやってまへんので、折角のお話やが――」


あの偉大な翁も最後にテレビで私と対談があったが、ほとんどお声が出なかった。逢うことが出来たら、一晩語り明かす材料を持ってたんだが――。

世界の松下さんにも、もうお目にかかることが出来ない。

幽明界(さかい)を異にする時、私は翁の墓前で、大恩人を失った悲しみに嗚咽(おえつ)を堪(こら)えたが、葬列の中に飛び込んで翁の胸に縋(すが)りつきたいのを、ひたすら我慢したのが昨日のように思い出される。


さて、私の父が大阪回生病院で、死ぬ十時間前、母を呼んでノートを持ってこさせ、

「正座面壁の達磨(ダルマ)の如(ごと)く、黙すること唖(あさ)に似たり。斯(か)くの如くにして善(よ)からずんば、これ天命のみ」

と書いた。これは父の最期の言葉だが、何とキザなことを言って往生するんだ、と思った。が、今になって再び思うや切だ。

出来得れば、もう一度逢いたい父であったが――。

伍堂卓雄さんと佐島マリーナ

その日、私は作り立てのモーニングを着ていた。戦争が激しくなったので、歳とった母も満州に連れてきていたが、

「どうしたの、久彌。今日は結婚式でもおありかい？」

「いや、今日は日本から大臣が来られるので、僕が紹介アナウンサーを担当させられたんだ」

「ネクタイは、それでいいの」

「ああ、商工大臣で伍堂卓雄（ごどうたくお）先生とおっしゃる方だ」

「えっ！　どなた、もう一度言ってちょうだい」

「伍堂卓雄さん」

「あの、卓ちゃんかしら」

「母さん、その方は大臣だよ」

「いやね、卓ちゃんなら家に長く居られたから……」

「えっ！」

「懐かしいわね」

「じゃ、ちょっと、今日、聞いてみようか、親父（おやじ）が二高の時の生徒さんか――」

その日は、放送局も掃除までして綺麗（きれい）になっていた。加えて本社から社長の広瀬中将、そのお付き

の部長様方、綺羅星（きらぼし）のごとく放送局の廊下に詰めかけている。

私はアナウンサーだ。堂々とスタディオに入った。やがて大臣のご到来、一同はつつましく御辞儀をした。その中を通り、伍堂大臣は悠々と椅子に座られた。

「私、担当のアナウンサー、森繁と申します」

「ウム」

やがて、大して面白くもない話が終わり、大臣は貴賓室へ引き揚げる。その隙を見て近寄り、

「大臣、実は、私……」

おいおい、何を言っとる、と辺りは私を制した。

「何か話があるのか」

大臣は優しかった。

「菅沼達吉をご存じですか」

「君は？」

「一番下の息子です」

「へえ、こりゃ驚いた。菅沼先生の――」

「ハイ」

「ちょっと、待合室へ行こう、そこでゆっくり話をしよう」

全員は引き下がった。

貴賓室というほどのものはなかったが、局内の応接間で、いとも穏やかなお顔で私を見られ、

「そうか、私がいる頃は、あなたはまだ生まれてなかったんだ」

「ハイ、私が生まれて、二年目に父は亡くなりました。だから私は父の顔は知りません」

「そうか。いや立派なお父さんでしたよ。これは懐かしいね、何か困ることがあったら言って来なさい。力になろう」

「有り難うございます。母もこちらへ連れて来ていますので、お目にかかって御礼を申し上げたいと申しておりました」

「いや、やさしい良いお母さんだった。私は随分お世話になった。こちらに居られるのならお目にかかりたいが、私も時間に追われて……。これから仲良くしよう」

この方の偉さを見た思いだ。私ごとき小僧に、大臣ともあろう人が、丁寧にお話しされ、お礼を言われた。初めて偉い人に会ったような気がした。

さて、それからだが――、こちらは、お言葉に甘えて図々しかった。

実は湘南のどこかにヨット・ハーバーを作りたいと思い、セスナ機をチャーターして、倅(せがれ)と二人でその上を飛んだ。やっと、ここがいいなと思ったのが、佐島の天神島の近辺で、三浦半島の景勝の地だ。

「伍堂先生、満州の新京では失礼を申し上げました」

「ややあ、そう言えばお父上にどこか似ているな」

「あの……」

「なんだい。何でも聞くよ」

「先生がやっておられる建設会社で、海のことをやっている会社がありましたね」

「ああ、いろいろあるが、大きいのは水野組だ」

「実は私、三浦半島にヨット・ハーバーを作りたいと思いまして……。実は、その方面の方をどなたも存じ上げませんので」

「はあーなるほど。ヨット・ハーバー、これは余りもうからんな」

「でも、いいんですが、青少年のために」

「いいだろう。それじゃ、私のやっている水野組に相談してみよう」

「有り難いことです。実は私は……」

「金が無いか？」

「ハイ」

「金のことは、あとでゆっくり相談するとして、この会社はスエズや方々もやっているから」

思いもかけぬトントン拍子の話で、私の方が唖然（あぜん）としたくらいだ。まだ大学生だった倅を佐島にやっていろいろと折衝させせた。約半年、意地の悪い地元のボスが集まってきて、大学生の長男はいたぶられた。

しかし、一年後には、船腹（せんぷく）に「水野組」と書かれたアメリカ製のマキーナーという工船が入って来て佐島は様相を変え始めた。

すべては伍堂さんのお蔭である。

私は役者で売れていたので、少しでも稼ごうとただ滅茶苦茶に働いた。

ところが、あの辺一帯は富士火山帯の地盤で、発破が上にばかり抜けて、一向に岩が割れない、なかなかの困難を極めた港だった。

しかし、それでも、大きな突堤が出来、一応港は完成しはじめた。そうなると、周りの漁民たちも些か声をひそめたが、若い漁師の連中が、佐島の発展のため——と私たちの方の味方になってくれて助かった。港の出入り口のどうにも邪魔になる海底の大きな岩を取り除きたかったが、年寄りの組合長は、これは貝をとる大事なうずめ岩だ——と聞かなくてあきらめた。

広場が出来、そこに大きな天幕が張られ、中は食堂になった。

さて、出来上がると、どこからか客は集まった。

ある日、私が銀座で酒を飲んでいたら、集まっている女たちが話をしているのが聞こえた。佐島の名がしきりに出るので、聞き耳をたてると、

「絶対、すすめるワ」

「そう、でも何だか悪いわネ」

「払ってる人なんかいないわよ。皆、さんざん食べて出ていっちゃうもん」

「第一、魚がおいしいし、出来たての港が素敵よ」

「どこなの?」

別の女が口を出した。

「葉山から、もうちょっと、油壺寄り。すぐ分かるわ」

私は黙って聞いた。くやしかったが、これも宣伝だと許すことにした。その所為か、わざわざ舟を乗り付けて、タダ食いをしてゆくものも大勢いた。

お客の中には、美術家の伊藤キサクさんや、作家もいた。半煮えの魚をむしゃくしゃ食って、生のほうがいいなあ、などと言う。

借金もふえたが、一応は、佐島ヨット・ハーバーは成功したのである。

ある日、日産の社長が現れて、いい港だと褒めながら、カレーを食べていった。その帰りに、泉君（長男）、一緒にやろうよ、日産もモーター・ボートを作っても港がなくちゃな、と嬉しい話を残して行った。

私は赤字で喘いでいた。いくら映画を撮っても、すべて佐島につぎこむばかりで、好事家たちをいつまでも喜ばせてはおれない。

ある年、長男には可哀相だったが、佐島を日産に売ることにした。

爾来、私の佐島への足は重くなり、日産がすべてをやることになった。

食堂も立派になり、食べ物も型通りにはなったが、私のファンはボツボツやめていった。

伍堂さんの温かいお骨折りも、ここで消えたように無くなった。

そろそろ売れなくなった役者は路頭に迷うばかりである。

満州に消えた長兄、弘を憶うや切

「おい！　後ろをちゃんと閉めてゆかんか！」

「今、閉めようと思ったんだ」

いきなり兄貴は立ってきて、思いっきり私の頬を殴った。そうなると私は、もう何も言えない。くだらん言い訳はよせ、と言うのか。

私は、このスパルタ式の兄の元で、殴られ、叩かれしながら学問以外の躾を受けた。

兄は明治四十年十一月十七日、大阪の天下茶屋の家に生まれた。名門汎愛小学校に入り、中学もまた、名門の北野中学に進学した。

ともかく、小学生の時は、先生が並べと命じても、自分が見たいものがあるとそっちへ行ってしまうという利かん坊で、母も往生したという。

その兄が、四高と静高を受けて両方ともパスしたが、本人は、四高（金沢）は寒いし暗いといって静岡高等学校を選んだ。今はその静高はなくなったが、そこではじめて各地の大勢の友達ができ、夏や冬の休みになると、その連中を連れて我が家が満員になるほどやって来た。中には自分の家より居心地がいいといって、一カ月も滞在していくのもいた。

「久彌、舟を出せ」

私は中学生だったが、その頃、一時間五十銭くらいで和船を貸してくれた。その和船に全員が乗って、私しか漕げないから、致し方なくお供をしたのだ。

すると、舟の上で、周りは海だから聞き慣れない歌が始まる。

〽三・一五、恨みの日、
我、ワタマサに誓う、
高く立て、赤旗を
そのもとに誓死せん
卑怯もの、去らば去れ
我等は、赤旗を守る

何の歌か分からないが、警察がうるさい歌、ぐらいは見当がついた。

〽憎しみの坩堝は紅く燃えて

これはなかなか難しい歌だが、皆のドラ声に合わせて、いつしか覚えた。

母は弘兄のこととなると、何でも言うことを聞いた。父の遺産分けがあって、もちろん私たちも当時の金で二、三万円ほど貰ったが（大正三年頃の二、三万円といえば、今の何億円だろうか！）、これら子供の金は親戚が預かっているので、母は自分の遺産をどんどん使った。

でも、金には限度がある。

底をつくと、兄の友達たちに気付かれぬよう、自分の着物を五、六枚、風呂敷に包んで質屋に持って行くのを、来ていた学生の一人が後をつけ、確かめて来たという。そして、密かに胸の詰まる思いにくれた、と私に話した。

その後、弘たちは静高を退学させられ、横浜の裁判所にいた叔父の口利きで立教へ入った。しかし、当時は一種の流行病のように、その赤旗と主義(イデオロギー)はなかなか治まらず、今度はナップ（全日本無産者芸術連盟）という組織に入った。

退学処分になった十名ばかりも、言うなればええとこのボンボンばかりで、各家庭は大変だったという。

京都は西陣一の織物屋の御曹子、杉山さんと一緒に、兄は後年、四条河原町を入ったところで、〝写楽〟という洒落(しゃれ)た飲み屋を始めたが、兄は資金だけ出してすぐにやめたようだ。

兵隊が嫌いだった兄は、顕微鏡やライカというカメラで有名だったドイツのシュミット社に入り、やがて奉天（瀋陽）の支店長となったが、運悪く召集令が来て、新聞記者だった友人が随分と奔走したが、結局、兵隊に持ってゆかれた。

さて、それまでが大変だった。

兄は時々私に、

「銀行へ行って金を引き出してこい。俺は銀座資生堂の前のポストの所に立っているから、すれ違いざま、人に分からぬように金を渡せ」

と命令した。いわゆる街頭レポのやり方だ。

ところが、渋谷の姉がとうとう腹を立てて、〝弘は水曜日には、東京一高い青山の歯医者に行ってますから〟と渋谷署の刑事に密かに教えたために、弘兄は、その歯医者で逮捕され、警察のブタ箱に放り込まれた。

私は次兄の俊哉と二人で渋谷署へ兄を見舞いに行ったのだが、警察であんなに威張ってよいのかと思うほど兄が巡査たちを鼻であしらうのを見て、当時、私は早稲田だったが、慶応に行っていた俊哉兄と二人で、あきれて背を向けた思い出がある。

「おい！　煙草出せ！」

「ハイ」

巡査が引き出しからしぶしぶ煙草を取り出して渡すと、スパスパやりながら、鉛筆で〝正〟の字を書く。

「こいつら、こうしておかないと、俺が見てないところで、こっそり吸うんだよ。卑しいことは俺は許さん！」

と、二本ばかり立て続けに吸って――。

それでも一カ月ほどで無事放免され、渋谷の姉の家でゆっくり風呂に浸かり、

「ああ、シャバはいいなア、今日はたっぷり肉でも食わしてください」

と嘯く始末だ。

弘兄は背が高く百八十センチはあったようだ。いうなれば二枚目でもあった。私の紹介した東宝映画の美女、菊川郁子（本名・山崎郁子）と、あっという間に一緒になり、世田谷の馬込あたりに住んだのである。

郁子さんは山口の素封家のご令嬢で、東宝の撮影所では「小島の春」という名作を豊田四郎監督で撮った女優である。当時は親の遺産も使い果たし、新居は素朴なものだった。が、家の近く二百メートル辺りから〝イクコー、イクコー〟と妻を大声で呼ぶので近所で有名だった。

兄はシュミットの東洋の支店長、井上氏に可愛がられ、やがて社長の指示で満州の奉天の支店長になって夫婦ともども渡満したが、私が先に行っていた新京（長春）にもよく遊びに来た。

そんなカメラのこともあってか、友達は多かった。大宅壮一さんなんかもその一人である。私もあやかって、最初に出版した本の序文は大宅さんに書いて貰った。

シュミットの奉天の支店でも、同期のアナウンサーが新京を訪問すると聞くと早速、

「飛行機に乗ったことあるかい？」

「いえ、ぜんぜん……」

「よし、切符買ってやるから、乗っていけ」

その同期のアナウンサーは、兄の世話で三十人ほど乗れる小型飛行機に初めて乗り、自慢しながら新京に着いた。

「僕はまだ乗ってないよ」

「久彌は、もっとあとでいい」

私はいい年をして僻んだことである。


召集令で、どこかの連隊に入った兄は、間もなく朝鮮に連れてゆかれ、高い所から飛び降りてアキレス腱を切った。すぐに陸軍病院に入れられ、手当てを受けたそうだ。

そして、間もなく終戦である。

私の放送局には海外放送があり、そのために来ていたアメリカの二世たちから世界の情勢を聞いたが、どうもニホンが危ないという。

弘兄は、どうやら満州の延吉に送られた、と聞いた。

今のうちに兄を脱走させて、私が匿い、うまいものを食わせて健康にしてやろう、とたびたび考えたが、私も終戦の翌年、引き揚げて日本へ帰って、狛江にある女房の親戚の小田急の重役石川宅の一室を借りて住んでいた。

母は、私が満州まで連れていったので、すっかり体が弱くなり、仏様ばかり拝んでいた。

その母が、

「久彌、今、弘が帰ってきたよ！」

と言う。

「バカな……」

「満州の延吉という所から、白い着物を着て、母さん……って私を呼んだんだよ」

「そんな、それは幻想だよ」

その次の日、一人の男性が探し探して石川の家に私たちを尋ねて来た。

「馬詰(まづめ)さんはいらっしゃいますか?」

母は何事かと丁重に応対した。

「馬詰弘さんのお母さんですね」

「ハイ」

「まことに言いづらいんですが、……弘さん、亡くなられました。私が、生きて延吉から帰ることがあれば、知らせてくれと頼まれましたので――」

母はそれからずっと床に就いていた。

やはり兄を脱走させるべきだった――。

その思いばかりが頭の中にこびり付き、私も終日、ぼんやりとしていた。


この六月に五十年ぶりに昔の満州を訪れたのが、昨日のことのようだ。兄の墓など分かるわけもないが、倅(せがれ)が代わりに、〝僕が行って来る〟と、延吉まで行くことになった。

汽車で行くと、長白山の麓(ふもと)だから十二時間ほどかかるという。飛行機だと一時間ぐらいだ。

日本語、満州語、朝鮮語の通訳を探していたら、三語が堪能な若い女性が来てくれた。それまでに、私たちの添乗員が――延吉のことなら私、詳しいです――と資料をくれた。

その資料を見ながら、愕然としたものである。

それを書いた人も、ロシアから延吉に連れて来られた弟さんを探して延吉に来られたのだが、その資料の中にこんな一節があった。

母が、

「弘は何の病気で……？」

と尋ねると、

「肺炎です」

と言われたが、何と資料には、発疹チフスが猖獗を極め、ほとんどは発疹チフスで死んだことが分かった。が、その中に、まだ生きていても呆然としている連中は、ロシアの看護兵が容赦なく射殺したとある。

まさか、弘兄も射殺されたのではないか、と私はしばし、涙にくれて考えたが――

まさか、まさか、そうではあるまい、と思ったが、この思いは私の胸に深く残っている。

今更に、ただ頭を垂れ、冥福を祈るばかりだ。

〝弘兄さん、どうか、静かに眠ってください〟

倅は、少しばかりの土と石ころを延吉から持ち帰って来た。

今、それは墓石の下にある。

諒闇(りょうあん)——昭和天皇との最後の夜

昭和天皇は私には思い出深いお方だった。天皇ご主催の東宮御所の園遊会へ、よくお呼びいただいた。

最初は緊張して、大きなお庭で呆然(ぼうぜん)としていたが、お酒の係らしい正装の人に見つかり、やたらとウイスキーの水割りを持ってこられて往生したが、昼酒は妙に頭に来て、「陛下は間もなくお見えか？」と、そればかり聞いてグイグイと飲んだ。

間もなく天皇ご一家がお見えになるというので気を引き締めたが、酒を一寸(ちょっと)飲み過ぎたようだ。

するとまた、燕尾(えんび)服の係が私を引っぱって、込み合っている人垣を押しのけて、私を道の前に押し出した。水泳の前畑秀子さんがご一緒だった記憶だけがある。

目の前に、ご庭園とは似つかない櫓(やぐら)が組まれている。新聞などの写真班が、そこに鈴なりになっている。写真班のための櫓だ。

やがて、入江相政侍従長が先頭で、ご一行がお見えになった。その後ろに陛下のお顔が見えた。横に皇后もおられる。家内はそのお姿を見ただけで涙をこぼした。

入江さんが間もなく私を見つけて、

「コレです、コレです」

と私を指した。

コレも宮中用語か、と思っていたら、

「テレビ見てるよ」

「はい、有り難うございます。陛下——どういうところが面白いとお思いでしょうか?」

「あ、そう」

このご返事が唐突なので、お耳が少々遠いかナ、と思ったので、もう一度、大きな声で伺った。しかし、

「あ、そう」

と相変わらずだ。女房は、陛下の、

「あなたもご苦労ね」

のお言葉が胸に刺さったのか、ハンケチで目頭を押さえてばかりいた。

これは、後で係の方に伺った話だが、

「今日は御下問がありますと申し上げましたが、下意上達はありません」

との、うがった話だった。

・

その陛下も、悲しいかな、崩御なされた。

私は、俗に言うお通夜(諒闇)に呼ばれた。威儀を正して二重橋を渡り、何か遠くへ歩いた記憶がある。

そこは、何の間というのか——座棺が安置され、誰もいない。

椅子は二、三十脚ほどあったが、最初に一人おられた方は帰られた。

「約一時間、ここにお座りになってください」

「はい」

私は陛下と二人きりだが、胸にこみ上げて来るものがある。

「陛下、私一人でお寂しいでしょうな。でも私は光栄です」

それから、なにを心の中で喋ったか、うすぼんやりと照明が陛下の棺を照らしている。

言うなれば、崇高な心持ちであるが、誰もいないのが、私は殊のほか満足だった。

お茶もお菓子も出ないのが何ともすっきりしていい。

一国の御門を送る最後の晩だった。

それは誠に静かな夜であった。

倚門の望――老いた母を今さらに想う

母が門に倚って、我が子の帰りを待ち望む、の意だというが、私の母もどんなにか待ち望んだことだろう。

母は二十八歳の若さで夫（父）を失った。母は後妻であったが、父は大正四年五月三日（私の誕生日は大正二年五月四日で、二歳になる一日前）に病没した。父は文久の生まれである。母は再婚など一切考えず、ひたすら子供三人のことにかかわって生きたが、片や大目付の祖母、片や大阪の老舗の親を守り、どんなに大変だったことかと考える。

東京育ちの祖母は厳格で、しかも武士の妻という誇りも手伝い、堅苦しい世界に生きてきた人だが、何事にも斬新な人で、料理なども卓抜なものがあった。とくに明治の頃、牛肉は家庭では余り食べなかったようだが、「今日は牛にするかね」と大変好んだと聞いた。面白いのは父の教え子や息子、婿などがイギリスやドイツに留学する時は、当時ハイカラなキッチンの挽き肉の器械などを買って来させて、不思議なアチャラ料理をこしらえて振る舞ったという。そう言えば、私の小さい時、そんな器械があったことをおぼろげながら記憶している。

その頃、ハンバーグなどを私たちに食べさせたのだが、一番の思い出は、上等の肉の塊を取り寄せ、それをほんのちょっと火にあぶり、イギリス製の圧縮機で搾るとぽたぽたと肉の血がコップにたまる。

「さあ、静さん（私の母のこと）、ぐっとお飲み」

母は毎回、どんなに躊躇したことか。

「飲みづらければ、レモンのエキスを入れてグッとやればいいから……」

母はその度に血のコップを見て泣いたという。

「あなたは身体が弱いから、これは止めてはいけません」

ただでさえ生臭いものに弱い母は死ぬ思いで飲んだという。

その祖母さまは九十歳で死んだ。静かな死に顔だった。私たち子供や孫たちは枕頭でしきりと祖母を呼んだのを覚えている。

私たちは、上の兄は腹違いの須磨の姉の家に預けられ、私は泣き虫のせいか祖母に嫌われたので母や大阪の祖母たちと阪神の鳴尾に住むことになった。それは当時の文化村ともいうか環境のいいところだった。下の兄俊哉だけは可愛くて自分の側、すなわち枚方に置かれた。

その頃、長兄は母方の馬詰を名乗らされ、私は祖母のつれあい、森繁を名乗ることになった。小学校の四年生の頃だ。

ただここに数奇なことが一つある。母が祖母の腹の中にいた頃、その夫という堺の大きな線香問屋の旦那は、祖母の乱費に呆れはてて、母を懐妊したのに妻（祖母）を捨てて米国に行ったという話を聞かされた。明治のいつ頃か、大変な旅行であったろう。私の親戚がアメリカにいてもおかしくないが、逢ってみたいと思うばかりだ。

「静さん、女は着物をきちんと着るように。それが女の生き方です」

と江戸の祖母はうるさかったそうだ。

「お祖母さま、それは?」

祖母の説明は実にうがったものだった。

「男の方が、乳房をなぶろうとされても、きちんと着物を着ていれば、決して手は胸元に入りません。しかし、ようござんすか！　着物の袖口、つまり身八口から手を入れれば、難なく触れます。女というものは、そういうものだということを忘れてはなりません」

これが、お祖母さまの粋なお説教であった。他にも色々あったろうが、若い私に話してくれたのはそれくらいだった。

あの忌(い)まわしい戦争が激しくなりかけたので、私は母を満州に連れて行った。

身体の弱い母は、なかなかうなずかなかったが、やっと満州に行くことになった。私は渡し船にも乗ったことはありませんから――これを納得させるには大変だった。汽車に乗せ船に乗せ、朝鮮に渡りまた汽車に乗って満州へ行くのは、母にすれば月にでも行くようなものだったろう。それでも無事に満州・新京に着いた。

母は口癖のように、

「弘(ひろし)（長兄）はどこにいるんだろうね」

と言ったが、その頃、召集されて朝鮮に渡ったことだけは、何となく分かっていたようだが、それが冒頭に書いた、中国の詩、〝倚門(いもん)の望(ぼう)〟である。

それでも住めば都ですぐ慣れはしたが、決して外出はしなかった。

妙に客の多い家で、日本から誰か来るとすぐ私の家へ連れてきた。これは一種の癖だろう。

「一週間ばかり味噌汁(みそしる)を飲んだことがないんですが、これはうまい、生き返った」

客人も充分満足したろうが、母にはこれが一番うれしかったらしい。その頃は日本もそろそろ物資が不足気味で、何かと不自由していたのだが、満州は持てる国、というか、味噌も醤油(しょうゆ)も油も、もちろん酒も充分あった。なければ軍隊の筋(すじ)に頼むと、すぐ集まった。

毎夜、宴会みたいなもので、喧々囂々(けんけんごうごう)、時には客も喧嘩(けんか)口論もした。母はそれが、なんとも厭(いや)で、「日本人同士が何ででしょうね。明日の晩もあの人たちは、あんなに騒ぐのかね」とこぼしていたが、この小さな自宅も、村山知義（演出家）や佐佐木隆（文化座）らの夜明けまでの大口論には私でもほとほと疲れたが、言うなれば一種のオアシスというか梁山泊のようなものだった。

ついに終戦が来て一切はご破算である。

一番、母を驚かせたのは、満州国軍と毛沢東の八路軍との市街戦が、私の家と池の向こうの社宅との間で始まった時だ。

「私は死にたい」

と母は本気でこぼした。家中をぬける弾をさけて壁のレンガの側で、小さくなっていた時だ。

母も震えたが、子供たちは泣いた。戦争をしている兵士たちが、ガラス戸をぶち壊し、私たちの寝ている布団を土足で踏みつけて血だらけの兵隊を運ぶのを見た時は、恐ろしいのを通りこしていた。

結局、満州国軍が破れて八路軍が勝ち、市街戦も夜明け頃少し静かになった。

私たちもほっとしたのだが、ようやく辺りが白み始めた頃、軒の下に疲れて寝ている兵隊たちがおとなしかったので、安心した。つまり、現代中国を建設した毛沢東の軍隊である。彼らは行儀がよく、皆が寝ていることを慮って静粛にしたのだ。ふと見れば、引っぱってきた大砲に〝長春へ〟〝長春へ〟と書いてあった。

朝、私たちはお茶と白いご飯をたいて兵隊たちのところへ持っていったが、

「それは、あなたたちの食べ物だ。私たちにはコーリャンがあるから、どうぞ安心して食べてください」

と誠にりっぱな挨拶で、私たちが恐縮したほどだ。それまでは、満州人の悪いのが、うっかり干し物

をしても盗むのでひやひやしていたが。私たちはいっせいに布団などを持ち出して、干した。

母はほんとに色んな目にあって、身も心も痩せたが、それでも元気で働いた。

ただ、そのあと、ロシア兵が新京に入ってきて、毎日激しい殺戮が随所で行われ、私なども震えあがったが、この恨みだけでもロシアは今も忘れることができない。

いよいよ引き揚げとなると、難問は数知れずあったが、最後の野営地、錦県で、私はまだ満州に残りたいという気持ちを抑えることができなかった。母を始め皆に、最後の船までここでみんなのために働きたいと言ったら、年老いた母は一番先に、

「あなたが望むなら、その通りにしなさい」

と言ってくれた。

私たちは引揚事務所の職員になり、一心に働いた。

初めての旅行というか――満州に来た母を、私は改めて尊敬の念で見直したほどだ。

頭の白くなった母は、やさしい眼で私を見た。

世界一の美女だと私は母を思った。

墓前のチャプリン

日暮里・谷中の墓地は、踏みしめる落ち葉の音がカサカサと鳴る以外、物音一つしない。

深夜、奥津城（おくつき）の群れは黙して星空の寒気の中に鎮まっているばかり。

私は、森家、松本家、菅沼家と書かれた三つの大きな墓石の下で風呂敷包みをといた。遠く犬の寒そうな声が聞こえ、草木も眠る丑三つ時だ。久しゅう訪れていない父・菅沼達吉の墓には、彼岸の時のしおれた花が立っていた。

私は包みから大きな早稲田の角帽を出し、ドスキンのガウン、それに桐箱から大きな金のメダルを出し、ガウンをつけ、メダルを首に角帽をかぶった。次にバーで買ったミネラルウォーターをあけて墓石にかけ、ついでに花売りから買った三本ほどのカーネーションを差して、私はウヤウヤしく父の前に頭を下げた。

「父さんは私を大正二年につくり、たった二年、顔も膝のぬくもりも知らぬまま逝ってしまわれました。形見にいただいた三万五千円は何一つロクなものも買わず、悪友のすすめる株でスッテンテン。実はそのころ、二・二六事件があり大暴落したおかげです。何の自慢にもなりません。親不孝な男でした。己を立てなおそうと満洲まで行きましたが、その国もあえなく潰（つい）え去ってしまいました」

「今、この闇の中で考えますと、あなたから良い血や妙に騒ぐ血やいろいろいただいたようです。それだけは失わずに今も持っています。それを頼りに働いてきたようなものです。父さんが明治二十九年に二高（仙台）の英語の教授になって、なかなかの先生だったと聞きましたが、どうしたことか私は英語はまるきし駄目でした。あれは血の中にありませんでした。ただこんな雑文を書くぐらいの血はひいているようです」

「さて今日は、こんな格好を見せようとやって来ましたが、去年、卒業しなかった早稲田からお使いがみえて、あなたに早稲田大学芸術文化賞を差し上げることになりました――と言われ、いたく恐縮して冷汗三斗の思いをしました。一度父さんにも見ていただこうと思って深夜の訪問になったのです。昔は名誉博士号などと言われたそうですが、今は芸術とかスポーツにも与えられています。チャプリンとお笑いになって下さい。

我もまた大隈侯に似て非なる

です。それでも過ぐる年、かつて雲の上の御方、今上陛下にお目見えし、文化功労者に列せられ宮中でお食事を一緒させていただきました。はじめて有難いことだと覚えました」

「兄・弘は終戦の年、兵隊にとられ朝鮮から満洲・延吉あたりで病死したと伝えられています。次兄俊哉は癌で苦しみながら一昨年亡くなりました。我が家系に癌の血筋などあったのでしょうか。残念です。

今や世の中は安逸に酔っているようにも見えます。大正の人間など生きて行くにも息苦しい気さえします。でも私は父さんより二十年も長生きしました。文明のおかげでしょうか。あるいは、あなたのお力でしょうか。

少し寒くなりましたので、今日はこれで帰ります」

スーチンのまごころ

某日――。わが家の長男、泉が学校から帰って来て、曰く。

「パパ、今日、新しく張君という人が入ってきたんだよ。朝鮮の戦争で家中がメチャクチャになっちゃってね、やっと日本に来て今日から学園にくるようになったんだ。そしてボク、張君と友達になったんだ」

泉が、まだ玉川学園の六年生の時のハナシである。

ご存じの方もあろうが、この玉川学園という学校は、個性教育に重点をおく学校で、低劣な競争心をあおるということなど絶対になく、したがって成績順位というような劣等感をあたえるものは一切御法度である。教室は黒板に向って机をならべることも児童をソクバクするというので、黒板はあるが大きな五つ、六つのテーブルをかこんで、椅子があり、めいめいは、そこでめいめいの学問に夢中である。要するに、おのおの自分の好きな道をのばして行かそうというところに、教育のポイントをおいている。校庭の一角に山を抱え、広大な自然の林を持ち、そこで、羊の好きな子は羊を飼い、ジャガイモが植えたければ、そこにジャガイモの花を咲かせ、また模型飛行機を作りたい子は模型飛行機を……といったあんばいに、まことに結構な学園ではあるが。

しかし、いたずらッ子が、ここに限っていないというわけではない。中には、たまさか茶目君もいて、こんな騒動も起る。

ある時――。M君という子が、T君が飼っているチャボの卵を無断で食べてしまった、という事件? が起ったのである。早速クラス全員の〝チャボ事件〟についての討論会が開かれた(こういうことに関しては、先生は一切ノータッチである)。

無論、大人並みに、議長が選任されての指名質疑ということに相成る。まず、M君の意見聴取より始まった。

議長「君はなぜT君のタマゴを食べちゃった？」

M君「だって、ボク、チャボの卵が食べたかったから、食べたんだ。あんなちっちゃな鶏の卵って、どんな味か知らないもん」

むろん、これについての意見は〝罪と罰〟のそれらしく、ケンケンガクガクと飛び出す。そこで少年議長も、国会風景よろしく首をかしげて、最後に被害者たるT君の意見を求めた。

「では被害者であるチャボ研究家のT君に、最後の断を下してもらいましょう」

このT君という子が、つねに黙々と静かなる子供なのだが――やおら起立するや、ボソリとこたえた。

「さあ……五円も貰っときゃアいいでしょう」

かくして事件は難なく落着して、金五円也は学校の基金箱にコトンと落ちた次第である。つまり、玉川学園というのは、まアこういう風格の学校で、だから、生徒も中国人あり、ロシア人あり、朝鮮人ありで……そんなところへ張君なる子供が、また新しく入ってきたという次第。そこで、親馬鹿おやじは言ったものだ。

「それはいいね。お友達になって、どんな話をしたの？」

「張君は朝鮮だろう。ボクは満人だし、〝トナリ同士なんだから、仲良くしよう〟っていったんだ」

「えーッ？」

びっくりしたのは傍で聞いていた女房である。

「泉ちゃん！　あなた満人⁉」

「だってママ、ボク満州で生れたんだもの、満人じゃないか」

「うむ、これは傑作である」

私は思わず感服した。子供は素直に、かつて満州に住んでいたから、自分は満人だと思っているらしい。日本人デアル、という観念の幽霊にとり憑かれていない。もちろん、引揚者だなどというコトは、さらに考えてもみないであろう。

「あんたは日本人なのよ」

女房があわててみても、

「だって満州にいたんだから満人さ、満州へかえれるようになったらボクらは帰るんだろう」

――平然としているのである。私は、心の中でつぶやいたのである（ああー、わが子よ、その素朴さを永遠に持らつづけていておくれ……）。

○

泉の〝満人〟で、私は、はからずも、私達一家が満州にいた頃、一緒に暮らした満人のねえや、スーチンのことを、思い出した。

満州では、女中を、僻村から買ってくることが、当時としては珍しくなかった。三年間、二百円――。都を知らぬ父親は、うらさびれた駅に立って、「ピー（娼婦）に売らんで下さい」と哀願する。娘が売春婦に売られるのじゃないかと危惧をする。さて、娘を家に連れてくると、まず玄関で服を脱がせて素っ裸にする。全身これシラミが、新参のみやげという次第。風呂などには恐らく入った覚えもないのだ。早速風呂に入れ、女房が全身を洗ってやる。頭髪のシラミはお酢をすり込んで退治。新しいジャケツに着せ替え、回虫の薬を服ませ、医師の検診をし、これでやっと子供を委せても差支えないということになり、初めて家族の一員に迎え入れられる。私は、もともと価値観にとらわれぬ男。民族協和ということを論より身をもって実践したかったので、身近いことからと、子供を、この田舎出の東も西もガスも水道も、まして言葉もまったく解らない——水に金がかかるのにびっくりし、水洗便所がこわいという——姑娘(クーニャン)ねえやに委せっきりにしておいた。

○

私はスクリーンでお眼にかかるのとは、ちっとばかり正反対で、これは子供にたいしては、相当スパルタ的である。

人間はいつどこで、どんな困苦に遭っても、あくまでも美しく生き抜いてゆかねばいけない——というところから、みみっちいこと、陰ひなた——的なことを発見すると、私は容赦なく、子供のお尻をぶった。時には小さな体がゴムマリのように吹っ飛びかねない勢いで腕をふり上げることもある。そんな時、きまって子供達に助っ人が現われる、他でもない満人のねえやスーチンだ。

「対不起(トイプチ)！　対不起(トイプチ)！」(ごめんなさい)

ねえやは、必死で子供をかばって私に謝まる。いや、逃げてゆく。どうするのかと、こっそりみていると——スーチンは、子供を小脇に抱えて裏の遊園地に行き、そこに、坊主を置くと、自分はしのび足で台所へとってかえし、コッコツと貯めておいた自分の菓子を持って、ふたたび子供のところに戻るのである。その美しい心情は、私達夫婦をして、涙せしめるものがあった。

また、ある時——子供にはよくあることだが、家の子供が隣の子供のオモチャをとり上げて、泣かせたことがある。童心の欲望がもたらしたチャンチャンバラバラ。

すると、スーチンはおぼつかない、日満混交語で、

「泉ちゃん、わるい。プッシン、あやまるいい」

だが、泉は（悪いところは父親似である）どうしてもあやまらない。ついに彼女は、泉を泣いている隣の子供の前に強引にひっぱって行き、

「泉ちゃん。泉ちゃんよくない。あやまるいい——ごめんなさい」

こういう時、ねえやの表情は真剣そのものである。主家の子供だからといって悪いことは悪い。容赦できぬ……人間の真ごころが身体いっぱいにあふれていて……彼女は、当時まだ十六歳そこそこの娘だったのだが。ねえやにとっては、子供と自分は全く一つのものであったらしい。つまり、子供が一つ一つの言葉を覚えてゆくのと同じ速度と数で、彼女も日本語を一つずつ一つずつと覚えてゆくというふうに母親のような、きよい愛を、身をもって実践していたのであった。

私達夫婦は、子供を中心に、こうしたねえやの姿に人間の魂というものを、ハッキリと見せつけられ、これが民族や国境を越えた、まことの人間愛であることを知らされたのであった。いまにして思えば、幾人かの満州の姑娘がわが家に来り、家族の一員として過したことは、とりもなおさず、日満親善の実践であったと思うのである。いうなれば——民族と民族とが共に手を組み合って、美しく生

きてゆこうというには、小むずかしい理論などより、こういう人間同士の、魂のふれあい、そしてぬくぬくとした、温かい感情から、はじめて生れ育ってゆくもの、ではないだろうか。

それにしても、戦火の中で別れたスーチンは、その後元気でいるだろうか？　いい嫁さんになっているだろう。私も年輪を重ねた。スーチンの背にねむった泉も大きくなった。しかも彼は彼女の国を自分の国と思っている。逢えるものならもう一度逢って、民族をこえたあたたかさをとり戻したい。そして、彼女の得意の料理、ギョーザに舌つづみをうちたい。これは私達一家のひそかな祈りでもある。

家族と競馬場の休日

ある日曜、まる一日の休みができた。相手役の女優さんが突然腹が痛くなったからである。実に私にとって彼女のハラは〝いい腹〟だ。

さあ、朝からソワソワして、きょうはどうしようと気もそぞろである。「寝るか」「出るか」「見るか」「食うか」いろいろ欲をめぐらすうちに腹の方から先に信号が来たので日ごろ食べたこともない朝めしを腹一杯かきこんだ。そのせいか気分が一寸重くなり、結局、庭へ出てかき根の修繕でもしようか、などと考えているうちに、そうだ、久しく行ったことのない競馬などに出かけて見ようかと、フト思いついた。

でもこの黄金の一日を競馬に過ごすより、もっと有効なことに——と慾がついて出るのだが、いざ天から降ったように、いや往来で拾ったような黄金の一日は、どうも帯に短しタスキに長しで名案が浮かばない。

結局、手弁当をつくってピクニックを兼ねながら家族と競馬見物ということに落着いた。人に愛されるあまり、人に疲れるこの職業柄、この競馬場は、この有象の群衆がいささか抵抗であるが、わたしたちは緑を前にあえて大衆席に陣取った。一人千円ずつ遊ぼうというので、各人にわたしのポケット・マネーがくばられ、一日の行楽が始まったのである。

「ダンナ！　ダンナ！　おう！　モリシゲのダンナ！　絶対コレよ、コレ」

「いくらかね？」

「百円だけど、ファンよ。キたら（着にはいったらの意）お花ちょうだい」

「いやそうもいかんから……」

私は百円出した。男はしのびよって声を落とし〝どくに教えるよ、絶対、コレ一本やり、他人に見せないで〟あやしげな紙キレに四―一と赤鉛筆のヘタクソな数字をにぎらせた。わたしは馬券売り場に急いだ。何と、四、五人前にセガレも並んでいる。聞けば同じ予想屋らしい。何だ、特別あつかいとありがたがることもないじゃないか。伜は一枚、わたしは父親だから五枚買った。来た！　ほんとに来た。

しめて一万何千円。穴の中の手に、考えもしなかった金が握らされた。うれしくて、うれしくて、天にものぼるような気がして、あらためて競馬場のあおい空気を一杯に吸いこんだ。出演料を貰ってこんな感激をしたことなど一度もない。映画もテレビもクソくらえダー。

再び、くだんの男のところへ行って五百円、約束のお花代を渡して礼をいったら、また黙って紙キレとヘタな赤鉛筆の数字をくれた。金五千円なり、つまり特券を五枚こんどはつっこんだ。家族たちは、うまそうにおにぎりをたべていたが、わたしは駒が勇むほどにうわの空だ。

「だんな、テレビ見てるよ」

「そうかい、ありがとう」

「ちょくちょく来るのかい」

「……」

「何で特別席へ行かねえの？」

そこがモリシゲのいいところよ、と、その辺からヤジが飛んだ。

「何買った？」

「コレ」

「これ、三—一か。これはこねえな」

案の定、ドジョウは二匹いなかった。

やっと自分にかえったような気持ちになり、おでんのクシを五、六本買って、おにぎりの団らんに帰ったら、なんと連中の中にも浮沈いろいろあって話はつきず、いいレクリエーションだ。

「パパ、何、そわそわしているんです」

〝こんどは独断でゆこう〟私は最後のレースを馬券売場に急いだ。特券十枚をもって武者ぶるいしたレースはわたしの手に、なんと五万何千円をころがりこませた。

競馬とは全く罪なもんだ。わたしをそんな有頂天の目にあわすから。つづいて数回、無理に無理を重ねて通う身となる。そして遂に政府は、私から結局その何十倍かをまきあげたのである。

国営バクチは、今日も蒼い空の下で、勇ましく又華やかに大地をどよもしているだろうが私はもう行かない。

持ち馬のこと

元来、私は争うことがきらいで、ひとりわが道を行く方である。そういえばカッコイイが争うと負けることを知っているのでそれがいやさに競争の類が自然はなれる癖がついたのだろう。

ゴルフもマージャンもパチンコもしない。人と競り合うのが嫌だし、うっかり勝つと悪いことでもしたような気がして、わざと負けようとする。その女々しさがまた自己嫌悪をもよおす。

それじゃあなぜ競馬をやるかということになるが、私は自分の馬が負けても勝っても大して動揺しないのである。それは勝てば嬉しいに違いないが負けたからといって目を吊り上げて地団駄を踏むことがない。

なぜなら、私は勝負より馬が群れをなして走るのがたまらなく好きなのである。あんな美しい姿はないと思う。けものの中でこれほど均整の取れた美学の標本みたいな動物はないと思うのだ。次にあの大きさである。犬では小さすぎるのである。また象ではちょっと大きすぎる。人間が圧倒される調度好い加減の大きさで、それが地響きを立てて走ってくる。まことに素晴らしい。しかも、その上に乗ってそれを制御する。馬上の人、こんな楽しいことはないと想像するのである。

いくたびか馬に乗ってみたいと願った、そして近づきもしたが、私が人見知りをするゆえか、先方も必ずといっていいほど首を上げたり後ずさりして、私のそばから離れる。言葉の通い合わないのがなんとも残念だ。少しでも分かってくれたら馬を口説くことぐらいのことは造作もないことなのだが。でも、言葉みたいなもんで分かり合えないところに人と馬との妙味があるのだろう。だから、勝つ馬が負け、負ける馬が勝つので競馬場が満員になるのだ。

ヒサノオオヒ（久の王妃）は白い牝馬だった。そして今のメイキッス、これも牝。この秋から走るヒサノオオヒの子でアプリーデ（伊語で四月）、五月のメイキッスの後が四月だ、これも牝。そして来年からでるヒサノオオヒとアローの子、マーチウィンド（三月の風、春一番とでもいうか）がやっと雄である。

彼らは全裸で今日も初夏の太陽をあびて牧場を駆け巡っているだろう。いかなるストリップのお嬢さんよりも美しい姿態である。

底本一覧

＊タイトルは変更した場合がある

第一章　ブックサ談義
「哀しき出世」～「顔」　『アッパさん船長』中公文庫　一九七八年（中央公論社　一九六一年）
「ハショリすぎる言葉」～「有名善用」　『ブックサ談義』未央書房　一九六七年

第二章　わたしの自由席
『わたしの自由席』中公文庫　一九七九年（大学書房　一九七六年）

第三章　道
『梅ほころぶ』いうなれば」　早稲田大学　演劇博物館資料より
「松下幸之助翁との対話」～「倚門の望――老いた母を今さらに想う」　『もう一度逢いたい』朝日新聞社
　一九九七年
「墓前のチャプリン」　『あの日あの夜』東京新聞出版局　一九八六年
「スーチンのまごころ」　『こじき袋』中公文庫　一九八〇年（読売新聞社　一九五七年）
「家族と競馬場の休日」　『ブックサ談義』
「持ち馬のこと」　早稲田大学　演劇博物館資料より　一九七五年四月

解説

人間森繁久彌、バンザイ！

佐々木愛

森繁さんが寄せて下さった文章

えっ！　私がなぜ？　と、この稿を藤原書店から依頼されたことを不思議に思っておりましたら、なんと森繁さんのたくさんの文章の中に、私の父、佐佐木隆の名前が時折登場することがわかりました。

でも、私は文筆家でも評論家でもないのに……と、まだまだ尻込みする私の気持ちを急に押し上げたのは、もう五十年以上も前の、私たち劇団文化座の機関紙に寄稿していただいた森繁久彌さんの文章に、つい最近出会ってしまったからだと思います。（次頁参照）

昭和十七（一九四二）年、表現することが何もかも不自由になっていた戦時下の時代に、松竹の傘下であった新派の井上正夫が主宰する井上正夫演劇道場を辞した私の両親を中心とするメンバー九名は、日本の現代劇を目差して「文化座」を結成しました。

そして公演のもてる地を求めて渡った旧満洲で敗戦を迎えたのです。

この時新京（現・長春）の街で、文化座の歴史は、森繁さんの歴史と重なります。

この著作集の前巻では、シラミだらけの一群が押しかけて……とか、村山知義との長い議論が……とか、書かれていますが、食糧難の時代に集団で現れる文化座の面々を暖かく迎えて下さった森繁家の様子も偲ばれて胸が熱くなりました。

演出家同志の村山知義先生と父の議論の内容は、私にも大方想像のつくものです。

文化座に与う

風雨にめげぬ文化座

創立十五年の歩みをみて

森繁久彌

終戦と云う奴は、突如として全く―、一切と云つてもいいほど、私達の文化を風と共に何処かへ吹きとばした。八月十五日からの私達の新京の生活である。今までの緊張はダレ、ゆつたりとしたことごとは急にひしめきあい、上品なやつは下品になり、インテリはおろかなかたまりになつて、無秩序な、無意味な、無感動な、明けくれが始つた。

そんな中に、動じているのか、、ないのか、変貌したのか、しないのか、悠々とした（実際はそうでなかつたらしいが）一団があつた。これが文化なき廃墟にさまよう文化座の連中である。隆さん、光枝さん、チヤコさん、玉枝さんを始め、古い友達の山形のイサちゃん、浜村の純さん達がいたのである。

サクバクとした、その日ぐらしの所へ、時折姿をあらわすこの一群に、私達はどんなにか、はげまされ、なぐさめられ、失いかけていたものをとりもどしたか。私は色々な意味で何時か一度沢山のお礼を云いたいと思つていたのである。

所が、戦後十年、これと云うめだつた仕事はなかつた様に記憶しているが―、それが、何時のまにか、立派な稽古場が出来上つたと云うことは、何と云うことだろう！　十五年の底力とねばりがそれを作つたと云えば、それまでだが、それよりも、あらためて私は、あの頃のあの人達が―ああやっぱり、と思い出すのである。

そして、ロマーシと云う人がコルホーズの農民を紹介した時の言葉を一緒に思い出したのである。「貴方がたよ、判断を急いでくれるな、判断をすることは何よりも簡単だ、この人達は昨日より今日、ほんの少し良くなつたのだ、遅いと云うのか、ただし確実にだ」と。

私がひとねむりしているまに、どんどこ、どんどこ、私を追こして行くのは、この人達の様な気がしてならない。いやもうすでに、追い越されているのかな。

（俳優）

劇団文化座　機関誌　昭和31年9月15日

治安維持法で投獄された経験もある村山知義先生と父は、同じ演出家として師弟関係にありました。先生は父の才能を認めた上で、思想的に確立できていないことをいつも残念がり、根気よく父を説得しようとしていました。それは戦後まで続き、幼かった私の目にも熱くなって侃々諤々と議論する二人の姿は目に焼きついています。

森繁さんとは対象的に、東北は秋田の（もう廃藩置県は終っていました）、貧乏士族の長男として生まれた父は、柔道・剣道が有段者の上、水泳の選手という益荒男（ますらお）で、やんちゃ坊主が大人になったようなところがありました。けれど、反面とてもロマンチストでもあり、わが親ながら魅力的な人でした。

そんな父は、左翼の思想の勉強もした上で、彼らに十分共感し協力はするが、自分は与しない……、そんな頑固な一面を持っておりました。

——愛ちゃん、芝居はね、誰かの代弁者では駄目なんだよ、自分自身の主張でないとね、

と私に語り、

——一人……ということは勇気のいることなんだよ……

と言った後、幼い私にはまだよく理解できないサルトルの名前などを挙げて話していたこともありました。

話は脱線しましたが、満洲時代の森繁家へ父たちが訪れ、酒を飲み、まるで梁山泊のように議論に明けくれた……という、その内容は、きっとそんな風景であったと思われます。

お母様が「また、あの人たちが……」と、呟かれたのも無理はありません。

実は、この本には登場しませんが、敗戦の四ヶ月後に文化座が旧吉林省公会堂で公演を行った時は、森繁さんをはじめ、旧満映の撮影所におられた内田吐夢監督、木村荘十二監督などに大いに助けられたと伝え聞いております。

ちょうどこの頃、帰国の予定のたたない中、旧満映の撮影所で真剣に芝居の稽古を続ける日本の劇団がいて感慨を深くしたと、当時の文化座の姿を『未完の旅路』という自叙伝に残して下さったのは、『貧乏物語』の河上肇の義弟、大塚有章氏でした。

森繁さんは本文の中に「私はリベラリストだ。わかりもしないのに主義や思想にこりかたまれない」と書かれていますが、博学の森繁さんのこの言葉の中に、私はふと父の面影を思い浮かべたのです。

お蔭様なことに、森繁さんにこの文章をいただいた創立十五周年の年に、文化座は火野葦平の創作劇『ちぎられた縄』（一九五六年十月十三日〜二十三日、一橋講堂、演出＝佐佐木隆、装置＝村山知義）を上演し、演劇界でいち早く沖縄を取り上げて活気を取り戻しました。そして今や八十周年を目前にするまで歩みを進めて、演劇界の片隅に小さな居場所を持てるようになりました。

森繁さんと父の戦争体験

お互いに中国の内戦まで体験するはめになってしまった森繁さんと父たちでしたが、「私たちは手を組んで、せめて血なまぐさくない歴史を一頁でもつくろうじゃないか」と語りかける森繁さんのお気持ちは、父も同様でした。

十七歳で文化座の研究生になった私たちに、これからは「戦争と日本人」ということを、文化座の創造の根底にすえていくと語り、自分たちは「日本及び日本人」をもっと勉強しなくてはと、事あるごとに父は語っておりました。

森繁さんの中国での体験は、私が両親から耳にしたこととまったくと言ってよいほど共通するもので、特にパーロと呼ばれた八路軍の兵士たちの、貧しいながら末端に至るまでが規律正しく整然とした態度をとっていたことに感銘を受けたという話は、私もよく聞かされていたものでした。

両親の引き揚げ体験は、わが家にも劇団にも大きな影響をもたらしておりましたから、現在も続く日中間の関係悪化に「今からでも遅くない、私たちの心からのお詫びを、中国の人たちにしようじゃないか」と呼びかける森繁さんのお言葉には頷くばかりです。

女優としての生活が忙しかった母は、特別母親らしいことはしてくれませんでしたが、繰り返し語っていたのは「失敗したら謝りなさい。謝るということは勇気のいることだけど、謝ってしまえばまた元に戻れるのよ」という言葉でした。

日韓にしても日中にしても、民間の素朴な交流はどんどん広がってきているというのに、謝れない政治家たちが事をややこしくしている現在、その狭間でどれだけの人たちが苦しい境遇から抜け出せないでいるかと思うと、無念を残しつつ鬼籍に入られた先人たちに申し訳ない気持ちになります。

最後の引き揚げ者が海を渡るまでと、引き揚げのお手伝いをされた森繁さんご一家より一足早く、文化座は、昭和二十一年九月に日本に戻りました。

その後、苦境の中で劇団の再建に取り組んでいた文化座のメンバーに比し、この原稿を寄せてくださった頃の森繁さんは、前年に「警察日記」や「夫婦善哉」が大ヒットし、この年にはブルーリボン賞を受賞、そして映画の「社長シリーズ」が始まるなど、華々しくスターの座を登りつめていらっしゃる最中でした。

そんな中、小さな劇団の粗末な座報のために、こんなにも愛情深く、力ある文章を寄せてくださったお姿こそ、人間森繁久彌の神髄のように思えるのです。

余裕のある憤り

「鬼」と題するエッセイの中に、「世の中に鬼がいなくなった……」という一文がありましたが、もしかしたら、新京の森繁梁山泊で、朝まで口論を続けていたという父の姿にも、その鬼を感じて下さったのかな……と思ったのは、私のうがった感想でしょうか。

昭和四十二年、父は五十八歳の若さで亡くなりましたが、名刹、諏訪山吉祥寺（文京区）の住職、岩本昭典氏がつけて下さった父の戒名は「芸壇院鬼才隆道居士」という物々しいものでした。

「生前お会いしたことはありませんが、昨夜のお通夜の席で、ご列席の皆様のお話の中からこのようにつけさせていただきました」と語られ、貧しい劇団の懐ろもお見通しだったのか、「皆様の故人に対するお話に感銘を受け、お戒名は特別に、無料でつけさせていただきます」という、ありがたいものでした。

関西生まれの良家の子弟として伸び伸びと育てられたであろう森繁さんのお話にはいつもユーモアがあり、政治や世間の不合理に対しての激しい憤りさえも、どこか余裕が感じられて受け止めやすい文章が素敵です。

一方、東北の田舎侍の愚直さを祖先に持つ私の父は、いつも何かに怒っていましたが、その怒り方がとても不器用でした。

今、あらためて森繁さんのお怒りの数々にふれてみると、その中身はよく似ているのにこうもその表現が違うものかと、その洒脱さというか、スマートさに、敬意を表したい気持ちです。ともあれ、満洲での父の不器用な怒りや愚直なふる舞いが森繁さんの心に残り、ご多忙の最中にこのような玉稿をいただけることになったのは、当時の文化座にとって実に幸いな出来事であったに違いありません。

そしてまた五十年後の文化座を生きる私たちにとっても、家宝のような歴史の証言であり、先人たちの心意気溢れる姿を垣間見る、またとない機会となったことを感謝したいと思います。

森繁さんが「世の中に鬼がいなくなった」と言われることに共感すると共に、「怒り」という感情もまた、考えてみるとなかなか出逢えないご時世になってしまったような気がいたします。

五十年以上も前の森繁さんの素晴らしい原稿に触発されて、ついつい我が田に水を引いてしまいましたが、次は俳優としての大先輩、森繁久彌さんと私のまったく個人的な、不完全燃焼の出逢いと別れについて稿を進めてみたいと思います。

共演の思い出

私が俳優、森繁久彌さんと出会ったのは、一九六六年、東京映画製作の「喜劇 仰げば尊し」という作品です。

それはまったく、思いがけない出会いでした。

事の成り行きは、森繁久彌さんの主演映画の相手役が決まらないでいたところ、たまたまテレビのモーニングショーに出演していた私の姿が、巨匠渋谷実監督のお目に止まって急遽出演ということになったようでした。

けれどこの時の森繁さんには、まったく驚かされました。

普通、ワンシーンを撮るのに、二、三回テストした後、ラストテストというのがあります。それは限りなく本番に近いもので、フィルムを廻している場合もあって、本番よりそちらが良かった場合はそれを使用するということもよくありました。

出演者と、他の技術者がお互いに呼吸を計りあってタイミングを調整するというか、そんな空気が固まって、だんだんスムースに、安定したものに決めて行こうとする時間とも云えました。

ところが森繁さんは、このラストテストの時でさえ、タイミングも、時にはセリフさえも変えてしまうのです。

初めて共演する私はすっかり戸惑って渋谷監督の顔をチラリと見て助け舟を求めると、監督は私の

「仰げば尊し」での共演

傍にやって来て耳元で「敗けるな、敗けるな」と平然と囁かれます。

東京映画のスタッフは、そんな森繁さんのやり方にすっかり馴れている様子で、皆さん顔色一つ変えません。

私も必死にやり返しているうち、結髪のおばさんから「新劇の女優さんは、みんな泣かされてまっせ。愛さんは泣かはらしまへんなぁ」と、変なほめられ方をしてしまいました。

今から思えば、良い形にもっていこうとする東映の時代劇などによく出演していた私のほうが古臭くて、少しでもリアリティーを持たせるためにあれこれ試みられた森繁さんのやり方と、それを容認するスタッフさんたちの方が斬新であったということなのですが……。

またこの撮影の時、森繁さんからは堂々とHな話をされたり、お尻をさわられたりと、結婚前の私としては、赤面するような場面に何度も出喰わしました。小沢昭一さんと二人がかりで猥談に興じられた時は、はずかしさのピークでした。でも、この映画でNHK映画祭の助演女優賞を受賞する結果になり、病床にあった父を喜ばせることができたのです。ちなみに、助演男優賞が滝沢修さんだったことも父の喜びの一つでした。

考えてみますと、その後、四〇代に入る私を前に「ひとり芝居をやりなさい」と言われた水上勉先生に「あなたは箱入り娘さんだからなぁ」と言われ、「四〇歳を過ぎた女優は、女の醜さも、嫌らしさも、何もかも演じられるようにならないとね……」と諭されたことを思い出します。

「原節子さんにもHな話をいっぱいした」と書かれている森繁さんからすれば、「おすましして、そんな型通りの芝居をしなさんな」という親心というか、もっとリラックスして、はじけた演技をおやりなさい……というサービス精神であったのでしょう。けれど、その時の私には、何でこんなにせめられるのだろうと、せつない思いのみが残って、森繁久彌イコール、Hなおじさまというイメージが残ってしまいました。

何よりも家庭を大切に

森繁さんの晩年、最後にお会いしたのは何かのパーティでした。「あんた新京の私の家に飯食いに来たよね?」と言われ、「それは母の鈴木光枝です」とお答えすると、「あーそうだったか、ところであんたとやったかね私は?」と聞かれるのです。「やりましたよ、『仰げば尊し』!」と私。「ちがうよ、やったかって聞いとるんだよ！」森繁さん。「え？　あっ、やヽりヽまヽせヽんヽ‼」と、だんだん声が大きくなってしまった私でした。車椅子を押していらしたのが、ちょうど映画の時につき人をしていらした女性だったので、その方と目を合わせ、笑い合ったことでした。

その時の森繁さんは、もう少し記憶を薄くしていらっしゃいました。それでも私を母と間違えてはいても〝飯を喰いにきた〟ことはしっかりと覚えていられたことと、周囲に明るい空気を醸し出そうとたっぷりなサービス精神だけは忘れていらっしゃいませんでした。飯というと、この映画の撮影中、昼の休みにご自宅で奥様の手料理をご馳走になったことがあります。

千歳船橋の東京映画と森繁さんのご自宅は庭続きで、仕事中の衣裳のままスタスタとお家に帰られた森繁さんと、お迎え下さったふっくらとした奥様の明るい笑顔が、今も目に浮かびます。満洲におられた時、生まれたばかりの赤ちゃんを連れて遠路森繁さんの勤務地まで出かけて行った勇気ある行動と重ねてみると、この奥様あっての森繁さんを、つくづくと実感します。

事実、数あるエッセイの多くに森繁さんはご家庭のことを書いておられます。あれだけ多忙な方であれば、家に居る時間は本当に少ないはずなのに、そんなことを少しも感じさせず、普通の家庭人のように、母と妻、息子や孫たちを優しい目線で見つめ愛おしんでおられます。それはきっと、森繁さんの中で、俳優という仕事が特別なものではなく、生きて、家族と共にあることがどんなに幸せなことか、全てのことは自分とその家族、それを囲む人々があって始まっているという、満洲でのご苦労から得た家族と生命を大事にする人生観がしっかりと根を下ろしていられたからでしょう。

家に居るお年寄りからお手伝いさんまで、森繁さんの広い視野は隅々まで行き届いて、それらを鋭く観察し、反応してゆく。ごくごく当たり前に日常生活を送られる中から、森繁さんはあの何とも言えない庶民像の数々を創り出していったものと思われます。

敗戦から数年たって、小学校に入学する私に、父はちょっと改まって、「コモンピープルになりなさい」という言葉を投げかけました。「今日本は、アメリカという大国に敗けて大人たちはとても劣等感を持って生きている。君は自分が人より劣っているという劣等感を持つな。また、自分が人より優れているという優越感も持つな。あたり前の人間、コモンピープルになりなさい……」と。

今こうして、森繁さんのさまざまなつぶやきや、嘆きや、お怒りに接してみると、父が語っていた「コモンピープル」とは、こういうことではなかったかなと思われてきました。

そしてご自分でも語っていられるように、誰の為でもない、ラクロワ氏の名言「自分に成功すべし」（二七頁）を、身を以て実践されていたからこそ、あんなにも伸び伸びと、人生を謳歌することができたのでしょう。

「屋根の上のヴァイオリン弾き」の九〇〇〇回公演の記録にも目を見張りますが、息子さんに「おやじさん、千秋楽の日、あの拍手の中で死になよ、いいぜ」と言わしめた日常の人間関係にこそ、人間森繁久彌の成功があったものと思われます。

ユダヤ人の牛乳屋テヴィエが終幕、新天地を求めて旅立ってゆく姿には、戦争で亡くしたお兄様への思いも、満洲での不条理な難民生活を生き抜いたあの人間力も、大事な大事なご家族への愛も全てが投入され、噴出したものだったのでしょう。

もう一度会いたい人

この稿を書くなどとは思いもよらなかった頃から、私は森繁さんの映画「夫婦善哉」を見てごらんなさい……と、劇団の者たちに話すことがありました。

スマホやショートメールで何の用でも済ませてしまう若い世代の人たちに、あのどうしようもない男と女のカップルの姿を、是非ともみせてやりたかったのです。

「人を愛するってことは、ああいうことよ。シン底人に惚れるってことよ！」と。せめて俳優を志す人たちにはあの濃密な、甘ったるい男と女の生きる姿を見て、人間生活の奥深さを学んで欲しかったのです。でも、あの映画の素晴らしさに気がついたのも、私が年をとったからでしょうか。

若き日、森繁さんの偉大さに少しも気づくことなく、Hな話が好きなへんなおじ様……と、タカをくくっていた私は、「屋根の上のヴァイオリン弾き」や「夫婦善哉」を観て森繁さんの偉大さを知り、今またこの本に出逢ってはずかしながらの脱帽をしているところです。

しかし、この本の読み始めから、私には森繁さんの声がビンビン響いて困りました。

目は確かに文字を追っているのに、耳の方からは森繁さんの張りのある声が、ユーモラスな文体は明るくかん高く、また怒りを込めたメッセージにはドスのきいた歯切れの良さで、まるで立体音声で私に向かってくるように感じられました。こんなにも、自分のイメージを定着させた、国民的俳優は、他にいるでしょうか。

そして改めて、どんな短いエッセイでも森繁さんは腹の底からの本音を吐露し、その言動には少しのぶれもないことを知りました。

「森繁さんゴメンナサイ！　私、もう七十七歳になってしまいましたけど、今なら少しは気のきいたお話もできると思うのです。ですから私、『もう一度会いたい人？』って聞かれたら、『森繁さん！』ってお答えしてよろしいですか？」


最後までお読みいただいて、ありがとうございました。解説の何たるかを理解しない私の勝手な読後感でした。

なお、文中、大先輩でありながら「森繁さん」と気安くお呼びしたのは、ご本人も書いていらっしゃるように、私にとっても「モリシゲ」は商標のようなもので、なぜか森繁先生とか森繁氏にはならなかったのです。悪しからずお許しくださいませ。

○**ささき・あい**　一九四三年生。劇団文化座代表。新劇俳優協会会長。日中文化交流協会常任委員。長塚節作「土」で評価。七八年度「サンダカン八番娼館」で文化庁芸術祭優秀賞、八二年度「越後つついし親不知」で紀伊國屋演劇賞。二〇〇〇年「遠い花」（原作『ピーチ・ブロッサムへ』藤原書店）。自ら企画した「てけれっつのぱ」で〇八年度文化庁芸術祭大賞。二〇一九年、石牟礼道子を描いた「アニマの海」を企画。

著者紹介

森繁久彌（もりしげ・ひさや）

大正2（1913）年、大阪府枚方市に生れる。2歳の時に父・菅沼達吉が死去。大正9年、母方祖父の姓を継ぎ森繁久彌に。昭和10年、早稲田大学商学部入学。昭和11年、東宝新劇団に入団、解散し東宝劇団歌舞伎、次いでロッパ一座に。昭和14年、NHKアナウンサー試験を経て、満洲の新京中央放送局に勤務。昭和21年、新京で劇団コッコ座を結成、11月帰国。昭和22年、「女優」で映画初出演。昭和24年、新宿ムーラン・ルージュに参加。昭和25年、「腰抜け二刀流」で映画初主演。昭和28年、「半七捕物帳　十五夜御用心」でテレビ初出演。昭和30年、映画「警察日記」「夫婦善哉」大ヒット。昭和31年、ブルーリボン賞、「へそくり社長」で「社長シリーズ」始まる。昭和33年、「駅前旅館」で「駅前シリーズ」始まる。昭和35年、初プロデュースの主演映画「地の涯に生きるもの」。この撮影で「知床旅情」作詞・作曲。昭和37年、森繁劇団の旗揚げで「南の島に雪が降る」上演。昭和42年、ミュージカル「屋根の上のヴァイオリン弾き」初演（主演テヴィエ役、昭和61年に900回を迎える）。昭和48年、映画「恍惚の人」大ヒット。昭和59年、文化功労者。平成3年、俳優として初の文化勲章を受章。平成16年、映画「死に花」で最後の映画出演。テレビドラマ「向田邦子の恋文」で最後の演技。平成21（2009）年11月10日死去。12月、国民栄誉賞が追贈。

愛——人生訓
全著作〈森繁久彌コレクション〉4（全5巻）　〈第4回配本〉

2020年5月10日　初版第1刷発行©

著　者　森繁久彌
発行者　藤原良雄
発行所　株式会社 藤原書店
〒162-0041　東京都新宿区早稲田鶴巻町523
電　話　03（5272）0301
FAX　03（5272）0450
振　替　00160 - 4 - 17013
info@fujiwara-shoten.co.jp

印刷・製本　中央精版印刷

落丁本・乱丁本はお取替えいたします
定価はカバーに表示してあります
Printed in Japan
ISBN978-4-86578-268-4

▶本コレクションを推す◀

◆ヨットの思い出……………………………………… 作家 石原慎太郎

天下の名優、天下の才人、森繁久彌を海に誘い百フィートの大型ヨットまでを作り、果ては三浦半島の佐島にコットハーバーまで作らせたのはかく言う私で、後々にも彼の絶妙な色談義を交えたヨット談義を堪能させられた。森繁さんの海に関する物語は絶品の本にもなるだろうに。

◆森繁久彌さんのこと……………… 女優・ユニセフ親善大使 黒柳徹子

森繁久彌さんは、面白い人だった。この本を読むかぎり、相当のインテリだけど、私に会うたびに「ねえ！　一回どう？」と最後までささやいて下さった。何歳になっても、ウィットのある方だった。セリフのうまさは抜群で、私は長ゼリフなど森繁さんから習ったと思ってる。カンニングしながらでも、その人物になりきっている森繁さんに、ちっとも嘘はなくセリフは真実だった。そして何より、森繁さんは詩人だった。もっと長く生きてほしかった。

◆天　才 ……………………………………………………映画監督 山田洋次

演じても歌っても描いても語っても、何をしても一流だった。こういう人を天才というのだろうが、そんな言い方をされるのを死ぬほど嫌がる人でもあった。

◆森繁さんと再会できる ………………………………… 歌手 加藤登紀子

私にとって運命の人、森繁さん。満州から佐世保に引き揚げた日がわが家と森繁家は数日しか違わない！　そう解ったのは「森繁自伝」でした。森繁さんの声が聞こえて来そうな名調子に魅せられて、何度も読みました。「知床旅情」が生まれた映画「地の涯に生きるもの」と「屋根の上のヴァイオリン弾き」という貴重な足跡からも、他の誰にもない熱情を受け止めてきました。没後十年で「森繁久彌の全仕事」が実現。もう一度じっくりと、森繁さんと再会できる！　本当に嬉しいです。

◆"森繁節"が聞こえる……………………………歌舞伎俳優 松本白鸚

「この人は、いまに天下とるよ」。ラジオから流れる森繁さんの朗読を聞きながら、播磨屋の祖父（初代中村吉右衛門）がポツンと言いました。子どもだった私が、森繁さんを知った瞬間です。祖父の予言どおり、森繁さんはその後、大活躍をされ、日本を代表する俳優の一人となられました。『勧進帳』をこよなく愛し、七代目幸四郎の祖父、父、私と、三代の弁慶をご覧になり、私の楽屋で、勧進帳の読み上げを朗々と披露してくださいました。それはまさに祖父の弁慶の科白廻しそのままでした。本書には、多才で教養に充ち、魅力溢れる森繁さんの「人となり」が詰まっていて、読んでいると、在りし日の「森繁節」が聞こえてくるような気さえします。

全著作〈森繁久彌コレクション〉

全5巻　**内容見本呈**

推薦　石原慎太郎／稲盛和夫／老川祥一／岡田裕介／加藤登紀子／黒柳徹子／堺 正章／玉井義臣／野村正朗／橋田壽賀子／橋本五郎／松本白鸚／萬代 晃／山田洋次／由井常彦／吉永小百合

2019年10月発刊　各巻本体2800円
四六変上製カバー装　各600頁程度
各巻に**解説・口絵・月報**を収録

I　道――自伝　　解説＝鹿島 茂

文人の家系に生まれその流れを十二分に受け継ぎ、演劇の世界へ。新天地・満洲での活躍と苦難の戦後、帰国。そして新しい日本で、俳優として活躍された森繁さん。人生五十年の“一応の区切り”として書いた『森繁自伝』他。　〈付〉年譜／人名索引

月報＝草笛光子／山藤章二／加藤登紀子／西郷輝彦

640頁　ISBN978-4-86578-244-8 ［第1回配本／2019年10月］2800円

II　人――芸談　　解説＝松岡正剛

「芸」とは何か、「演じる」とは何か。俳優としての森繁さんは、自らの“仕事”をどう見ていたのか。また俳優仲間、舞台をともにした仲間との思い出を綴る珠玉の随筆を集める。

月報＝大宅映子／小野武彦／伊東四朗／ジュディ・オング

512頁　ISBN978-4-86578-252-3 ［第2回配本／2019年12月］2800円

III　情――世相　　解説＝小川榮太郎

めまぐるしい戦後の社会の変化の中で、古き良き日本を知る者として、あたたかく、時にはちくりと現代の世相を突く名言を残された。

月報＝大村崑／宝田明／塩澤実信／河内厚郎

480頁　ISBN978-4-86578-259-2 ［第3回配本／2020年2月］2800円

IV　愛――人生訓　　解説＝佐々木 愛

俳優として芸能界の後輩に語るだけでなく、人生のさまざまな場面で、だれの心にもしみる一言を残してくれた森繁さん。

月報＝池辺晋一郎／本條秀太郎／林家正蔵／原 荘介

360頁　ISBN978-4-86578-268-4 ［第4回配本／2020年4月］2800円

V　海――ロマン　　解説＝片山杜秀

人と文化をつなぐ“海”を愛し、「ふじやま丸」「メイキッス号」などの船を所有し、78歳で日本一周をなしとげた。　［最終配本］

［附］森繁久彌の書画、碑／著作一覧